한국교회를 위한 고언

두 개의 십자가

두 개의 십자가

지은이 박철수

초판발행 2017년 11월 8일

펴낸이 배용하

책임편집 배용하

등록 제364-2008-000013호

펴낸곳 **도서출판 대장간**

  www.daejanggan.org

  대전광역시 동구 삼성동 285-16

  전화 (042) 673-7424 전송 (042) 623-1424

분류 기독교 | 구원론 | 신앙

ISBN 978-89-7071-424-0 (03230)

 값 10,000

※ 이 책에 인용된 성경 구절은 〈개역개정판〉을 사용하였습니다.

차례

추천의 글

홍 인 규

백석대 교수 / 스텔렌보쉬 대학교(D. Th.)

너무나 가슴 아프게도, 지금 조국교회는 전례 없는 심각한 위기에 처해 있습니다. 한 때 조국교회는 나라를 잃고 절망에 빠진 우리 민족의 희망이었습니다. 우리 민족은 절대 무력한 상황에서 하나님께로 돌아와 하나님을 의지하고 기적적으로 다시 일어났습니다. 그런데 이제 조국교회는 세상의 근심거리와 조롱거리가 되고 말았습니다. 지금 조국교회는 무참히 무너져 내리고 있습니다. 많은 성도들이 교회에서 큰 상처를 입고 교회를 떠나 방황하고, 비신자를 전도하기는 너무나 어렵습니다. 무엇이 조국교회를 이렇게 비참하게 만들었습니까? 현재 위기의 근본 뿌리는 무엇일까요?

이 책의 저자 박철수 목사님이 밝힌 것처럼, 지금 조국교회는 영광스런 그리스도의 복음에서 떠나 '다른 복음'에 심각하게 오염되어 있습니다. 부끄러운 조국교회의 도덕적 타락은 그 근원을 파고 내려가 보면 복음에 대한 잘못된 이해 때문에 발생한 것입니다. 현재 조국교회는 하나님 나라의 복음을 죄용서의 복음으로 축소시켜 놓았습니다. 사실 죄용서의 복음은 너무나 기쁜 소식입니다. 죄 많은 인간들이 그 복음 없이 어떻게 거룩하신 하나님 앞에 설 수 있을까요! 하지만, 축소된 복음은 심각한 방종주의를 조장해 왔습니다.

이 책에서 저자 박철수 목사님은 온전한 복음 곧 하나님 나라의 복음을 명쾌히 설명합니다. 우선 눈에 띄는 것은 죄에 대한 혁명적 이해입니다. 죄에 대한 새로운 이해는 구원과 복음에 대한 온전한 이해로 나아갑니다.

이 책은 묘한 매력이 있습니다. 한 번 잡으면 손을 놓지 못하고 끝까지 읽게 됩니다. 새로운 진리를 많이 배우게 되어 대단히 유익하면서도 또 아주 재미가 있습니다. 감동적이고 흥미진진한 이야기도 많이 등장합니다. 이 책을 읽다보면 하나님 나라 복음으로 우리 존재가 근본적으로 뒤흔들리게 되는 것을 경험하게 됩니다. 집어 읽으세요!

추천의 글

김 회 권

숭실대 교수 / 미 프린스턴대 신학대학원(Ph. D.)

이 책은 로마서 6:1−11에 대한 감동적이고 입체적인 해설이다. 이 책은 진정 정통개신교 구원론의 진수를 제시한다. 전작 『하나님 나라』의 전반부를 축소하고 압축한 듯한 인상을 주지만 내용과 논리 모두 더 깊어졌다. 기독교복음의 가장 내면적이고 실존적인 차원을 파헤치면서도 가장 공적이고 우주적인 차원도 천착한다. 정통 개신교 구원론은 두 개의 십자가를 바라보는 이중초점적 구원론이다. 먼저 우리를 위해 자신의 몸을 화목의 희생제물, 속죄의 제물로 드린 우리 주님의 십자가다. 이 십자가는 하나님이 세상과 자신을 화목케 하시려는 의지를 드러내는 십자가다. 거칠게 말하면 창조주 하나님의 자기형벌적 무한책임적 십자가다. 아무 죄가 없으신 아버지 하나님이 아무 죄가 없으신 아들 하나님을 죄로 삼으신 현장이 첫째 십자가다. 이 첫째 십자가는 인간의 죄악에 대한 하나님의 우발적 추후대책이 아니었다.

이 첫째 십자가는 하나님이 창조시 인간이 반역과 죄를 지어 하나님께 분리되어갈 때 인간을 재활복구시키려고 작정해두신 삼위일체 하나님의 영원 전 경륜을 성취하는 십자가다. 이 십자가는 아들 하나님의 십자가 이전에 성부 하나님의 십자가다. 성자의 십자가는 창조주 하나님아버지가 지신 십자가의 성례전적 표현이다. 이 세상을 창조하시고 보존하고 섭리하시고 인류역사를 운행해오시는 모든 과정은 하나님아버지의 자기추궁적 자기책벌적 십자가 지심의 연속이다. 의로우시고 전능하신 하나님은 인간을 창조하시고 이 지구의 부왕으로 임명하신 후부터 인간을 존중하시고 언약적 책임동반자로 연단시키기 위해 당신의 전능성을 억제하시고 유보하시며 마치 인간의 악행과 지구분탕질에 속수무책인 무기력한 하나님인 것처럼 당신을 감추셨다. 이것이 성부의 십자가이며 아들이 지신 십자가에서 자신을 철저하게 감추신 하나님을 드러내셨다. 이 성부 하나님의 십자가지심은 교부들(이레니우스와 오거스틴, 그리고 토마스 아퀴나스)과 칼 바르트, 위르겐 몰트만 등이 잘 다루었다. 아들 하나님이 지신 십자가는 아버지 하나님의 자기추궁적 무한책임적 십자가지심의 육화였다. 저자의 전작『하나님나라』는 아들 하나님이 지신 십자가를 이 책에서보다 자세히 다룬다. 본서는 아들이 지신 십자가와 아버지가 지신 창조주적 십자가를 압축적으로 다룬 후 두 번째 십자가를 더욱 부각시킨다.

두 번째 십자가는 우리를 구원하신 하나님의 은혜에 감복하여 우리가 주님을 위하여 주님과 함께 지는 십자가다. 마가복음 8장 34절은 예수 그리스도=우리의 주되심 신앙고백은 자기 십자가를 지고 매일 주님을 따르는 제자도에서 육화된다고 말한다. 그리스도와 함께 십자가에 달리고 매장되고 함께 부활하는 그리스도인의 여정이 둘째 십자가다. 첫째 십자가는 영 단번에 지신 십자가요 두 번째 십자가는 반복적이고 점층적이다. 기독교신앙을 갖는 행위 자체가 두 번째 십자가를 지고 주님을 따르는 삶이다. 한국교회에 맥락에서는 두 번째 십자가는 돈숭배와 권력숭배, 자아욕망 숭배와 세상자랑을 십자가에 못박고 복되고 청결한 주님의 제자로 공공연히 살아내는 일상생활 자체다. 기독교신앙을 공공연히 전파하고 알리는 사명은 두 번째 십자가를 진 제자들의 몫이다.

이 책은 한국의 보수주의, 근본주의, 미국숭배적, 기술숭배적 이원론 기독교가 간과하는 기독교복음의 장엄한 아름다움을 찬양한다. 죄, 구원, 율법으로 의로워질 수 없는 영적 파탄, 주님의 죄용서의 공적 차원에 대한 감동적인 해설들은 독자들의 마음을 뜨겁게 하고 세상 한복판에서도 공공연히 기독교신앙을 살아내도록 격려한다. 이 책이 부디 하나님나라복음에 대한 제한된 시야 때문에 영적으로 쇠락을 경험하는 모든 신자들에게 한없는 도전과 위로가 되기를 바란다

프랑스 개혁교회 출신인 철학자요 신학자며 법학자인 자끄 엘륄은 "기독교가 성경대로 바르게 선포된다면, 기독교는 많은 수를 얻지 못하고 이 땅에서 누릴 수 있는 대가와 이익을 얻지 못할 것이다. 그럼에도 불구하고 인간의 동의를 얻으려고 그들의 기호에 맞추고 그들을 매료시켜려 한다니"라고 탄식했습니다. 현재의 한국교회는 칼 마르크스의 말대로 아편종교가 되었습니다. 사람들은 교회에 가면 성경말씀을 듣기보다 아편에 취한 사람이 되고 있습니다. 하나님 나라 복음은 성경을 바로 알고 제정신을 가지고 기뻐하며, 감사하며 행복하게 사는 것이 아닐까요? 길희성 교수가 쓴 『지금도 교회 다니십니까?』라는 책이 있습니다. 지금의 교회 상황에서도 교회에 다니고 있느냐는 말입니다. 오죽 안타까웠으면 이러 말을 했을까요?

파스칼은 『팡세』에서 "참된 그리스도인은 드물다. 믿는 사람은 많다. 그러나 미신에 의해서다."라고 말했습니다. 미신을 믿으면서 참 그리스도인이라 생각하며 살아가는 사람이 있다는 말입니다. 사도 바울 당시에도 '다른 복음'이 있었듯이 오늘날에도 '다른 복음'이 있습니다. 한국교회는 성경을 믿는다기 보다는 대중의 기호와 욕망을 충족하는데 더 관심이 큽니다. 인간의 비위를 맞추려고 얼마나 애를 쓰고 있는지 모릅니다. 목사들은 교인들에게 부담스런 설교를 하지 않으려고 무진 애를 쓰고 있습니다. 이것이 대형교회가 되려면 반드시 지켜야 할 수칙이 되었습니다.

한국교회는 지금 보수주의 삼형제에 의한 비성경적 믿음이 횡행하고 있습니다. 첫째는 근본주의요, 둘째는 세대주의요, 셋째는 경건주의입니다. 경건주의는 어느 정도 무시할 수 없는 긍정적인이 면이 없지 않아 있습니다. 이들의 특징은 지금 이 땅에 관심을 갖는 대신 죽은 다음의 종말에 대하여는 관심을 가지면서 세상과 몸은 등한시하는 것입니다. 그래서 영만을 중요시 하든지, 하늘은 중요시하면서 땅의 문제에는 무관심합니다. 이것이 야말로 변종기독교가 아닐까요? 그러면서도 죽어서는 좋은 곳에 가고 이 땅에서 잘 먹고 잘 살기를 원하니, 기독교 신자는 정말 욕심쟁이라는 소리를 듣는 것입니다. 우리가 기복주의를 문제 삼는 것은 초월적으로 우리를 찾아오시는 하나님과 만남없이 이 세상의 가치관을 그대로 수용하기 때문입니다. 한국보수주의 교회는 스스로 착각 속에 빠져 행복해할지언정 실상은 그럴까요? 이들은 미래에 대해 큰 관심을 갖고 있지만 정작 신약성경 사복음서를 보면 예수님은 미래에 관한 말씀은 매우 적게 하셨다는 것을 알 수 있습니다. 예수님의 말씀은 "오늘 이 땅에서 어떻게 살아야 될 것인가?"하는 내용이 대부분을 차지하고 있습니다. 그리스도인의 미래가 없다는 말을 하려고 하는 것은 아니니 혹시라도 오해하지 마시기 바랍니다.

저는 별난 사람, 별난 신앙을 가진 사람은 아닙니다. 잘못을 저지르기도 하고, 미성숙한 부분이 많은 사람입니다. 그러나 진정한 그리스도인은 열린 마음과 사랑하는 마음을 가진 사람이라 생각하고 그러한 인간상을 지향해야 하는 것입니다. 그런데 안타깝게도 갑질, 뇌물사건으로 사회에 논란을 일으켰던 박찬주 육군대장의 모습은 한국교회의 일반적인 수준을 보여주는 것 같습니다. 혹여나 일반교인들의 삶의 모습도 그분의 삶과 별반 다를 바가 없다는 저의 생각에 어떻게 생각을 하시는지요?

그는 군인세례를 통해 2035년까지 국민의 75%를 교인으로 만들겠다고 했는데, 제가 믿는 하나님과는 정반대되는 하나님을 믿나 봅니다. 그는 한국교회의 현실을 보여 주는 표상이 되었습니다. 예수님께서 부자청년을 만나 나눈 이야기가 생각납니다. 만약 예수님이 부자청년을 받아들여 "내가 부자에게 전도했노라"하시면서 가시는 곳마다 함께 다니면서 그 청년더러 간증하게 했다면 예수님을 따르는 사람들이 더 많이 늘어나지 않았을까요? 그런데 왜 이런 방법을 쓰지 않고 그 청년을 슬퍼하며 돌아가게 했을까요?

한국보수주의 교회는 축자영감설을 믿는다고 합니다. 축자영감(逐字靈感)이란 낱말마다 하나님이 간섭하신 것이니 글자 하나하나마다 일점일획이라도 그대로 믿어야 한다는 것입니다. 그들은 성경을 문자적으로 받아들일지는 모르지만, 이를 실제로 행동하는 것에는 별 관심이 없는 것 같습니다. 만약 그리스도인들이 예수님의 말씀 중에 몇 가지만이라도 실천한다면, 제 생각에 한 달, 혹은 일 년 안에 일대 혁명이 우리 교회와 우리사회에 일어날 것이라고 생각합니다. 그런데 그러기는커녕 한국교회는 이런 저런 일들로 얼마나 많은 욕을 듣고 있는지 모릅니다. 그런데도 한국교회 보수주의자들은 오히려 예수님의 말씀과는 정반대로 가고 있으니 놀라울 뿐입니다. 이해가 되지 않습니다. 성경이 기록된 배경을 조금만 안다면 함부로 그런 말을 할 수 없을 것입니다. 보고 싶은 것만 보고, 듣고 싶은 것만 듣기 때문은 아닐까요? 성경을 귀에 걸면 귀거리, 코에 걸면 코거리 식으로 보는 것은 아닐까요?

한국교회에서 누가 좋은 그리스도인이라고 말합니까? 주일

성수, 십일조, 목사님께 순종, 새벽기도, 설거지 봉사하면 백점짜리 교인이 됩니다. 참으로 희한한 일입니다. 성경 어디에 이런 말씀이 있는지 궁금합니다. 이러한 것들이 잘못된 것은 아니지만, 이것들이 성경의 중요한 가르침이라고 착각한다는 데에 문제가 있습니다. 우리가 정말 성경을 믿는다면 갑질문화가 없어지고, 가난한 자들에 대한 배려가 훨씬 늘고, 거짓말 하는 사람들이 없어지고, 가족주의가 없어지고, 정의가 펄펄 살아 움직이고, 권위주의가 없어질 것입니다. 예수님께서는 섬기는 자가 으뜸이라고 말씀하시지 않으셨던가요? 게다가 예수님을 믿는다는 사람들이 왜 그렇게 옹졸하고 이기적인지 모르겠습니다. 그들을 만나면 왜 그렇게 답답하고 말이 통하지 않는지, 서로 딴 세상을 살고 있다는 생각마저 들 때가 많습니다. 저만 그렇게 생각할까요?

지금 상당수의 목사들이 스스로 설교를 준비하는 것이 아니라 다른 목사들의 설교를 베끼고 있습니다. 설교를 공급하는 곳이 너무 많습니다. 저도 수 천편의 설교문을 제공해준다는 광고메일을 스팸처리 하느라 바쁩니다. 물론 다른 사람의 책이나 설교를 참고하는 것은 좋지만, 그러나 이렇게 하다보면 점점 창조성을 잃어버릴 수 있을 뿐만 아니라, 갈수록 성경을 스스로 알아가는 깊이가 고갈 될 수 있습니다. 이 때문에 앞으로의 한국교회가 크게 염려됩니다.

거기에다 한국교회가 윤리적으로 심각하게 타락하다보니 얼마나 많은 욕을 얻어먹고 있는지 모릅니다. 또 가나안성도(교회에 '안나가'는 교인들을 거꾸로 한 말)가 100여만 명 이상이 된다니 놀라울 따름입니다. 10년 전만 해도 신학교를 가려는 사람들이 많았는데, 몇 년 전부터 소위 좋다는 신학교마저 숫자를 다 채우지 못하는 사태가 벌어지고 있습니다.

한국교회의 쇠퇴와 부패를 극적으로 보여주는 상황입니다. 콘스탄티누스에 이르러 기독교가 인정받게 되고 정교일치가 되면서 세계기독교는 모두 정치와 일치되는 상황이 되었습니다. 영광의 기독교가 되었지요. 복 받은 교회가 되었지요. 그러나 그 때부터 기독교는 제 갈 길을 못 찾고 헤매기 시작했습니다. 한국교회도 마찬가지입니다. 일제강점기로 부터 해방 이후에 미국은 노골적으로 개입해 우리를 자기나라인 것처럼 제 맘대로 부리고 있는 데도 한국교회는 앞장서서 그들을 옹호하고 있으니 희한한 일입니다. 그들은 갑이 되고 우리는 스스로 을이 되었습니다. 그리고 우리는 갑질을 당하면서도 그조차 모르도록 세뇌되어 왔습니다. 한국교회는 미국이 우리의 천사나 되는 것처럼 그들의 앞잡이가 되었고 지금도 그러합니다.

왜 이러한 일이 생겼을까요? 이 얼마나 무지의 소치입니까? 미국의 선교사들이 우리나라에 처음 들어올 때 보수적 신학을 가지고 들어왔습니다. 일제의 정책에 따라 진보적 선교사들은 모두 추방당했습니다. 목사들을 가르칠 때도 많이 가르치지 말라는 선교정책이 있었습니다. 일제강점기에 구약은 읽지 못하게 하는 금서였습니다. 구약이 역사의식을 심어주는 래디컬한 책이라고 생각했기 때문입니다. 사실 신약 또한 래디컬한 책입니다. 그렇기 때문에 만약 우리가 성경을 제대로 안다면 급진적인 삶을 살 수 밖에 없습니다. 하워드 요더의 말대로 "우리가 급진적이어야 할 이유는 예수님께서 급진적이셨기 때문이고, 예수님께서 혁명적인 순종을 통한 급진적 제자도를 원하셨기 때문입니다." 성경에서 성도는 십자가의 복음을 분명히 알고 급직전인 제자로 이 땅을 살아 갈 것을 말하고 있습니다. 예수님은 좌파도 우파도 아닌 래디컬한 분이십니다. 예수님은 무력적, 정치적 의미에서 혁명을 원하는 분이 아닙니다. 그러나 예수님은 모든 영역에서 혁명가이십니다. 그리고 예수님은 우리에게 이 땅에서 혁명적 삶을 살아가기를 원하십니다. 예수님께서는 이 땅에 불을 지르기 위해 오셨습니다. 그리스도인은 이 땅을 살아갈 때 펄펄뛰는 뜨거운 심장을 가지고, 생명의 향기를 내품는 모습으로 살아가야합니다. 그래야 희망이 있습니다.

김회권 교수는 그의 대작『모세오경』(2017년 전면개정판)에서 한국교회의 비판과 비전에 대하여 "오늘날 한국 교회는 신자유주의적 무한경쟁체제를 신적질서로 승인하고 그것에 편승하는 경향을 보이며 급속하게 세속화되어 가고 있다. 목회자들과 성도들 모두가 거룩한 성도다움을 잃어 가며 세상에 지탄을 자초하는 도덕적 슬럼지대로 전락하고 있다. 교회는 십자가에 달리신 나사렛 예수를 주라고 고백하며 이 고백에 대한 신적 승인의 표시로 성령을 받아 자아 갱신적이며 세계 변혁적인 하나님의 말씀을 먹고 자란다. 하나님의 말씀을 듣는 순간 교회는 세상과 거룩한 긴장에 사로잡히고 세상 안에 있으되 세상 초극적인 비전에 붙들리게 된다. 교회는 일차적으로 교회공동체에서 드러나는, 그러나 모든 지역과 나라를 혁신하려 하시는 하나님의 정치에 참여한다. 하나님의 정치는 하나님나라운동의 다른 말이다. 하나님은 다스리기 위해 세상을 창조하시고 구원하신다. 하나님의 다스림은 하나님의 주권적 통치와 인간과 피조물에 대한 설복의 감화, 감동을 통해 구현된다. 교회는 이런 하나님의 정치 곧 하나님나라의 동역자로 부름을 받았다. 교회는 진공상태에서 하나님나라 복음을 받아들이는 것이 아니라 구체적인 역사, 정치, 사회의 맥락에서 받아들인다. 교회가 받아들인 하나님나라 복음은 교회를 둘러싼 주변 사회의 가치와 이념과 날카롭게 충돌한다. 따라서 교회가 하나님나라복음을 주변 사람과 직접 관련시키지 않고는 교회 공동체 안에서 복음을 선포하고 증언 할 수 없다.”고 말합니다.

저는 500주년 종교개혁을 앞두고 교회의 교인들에게 바른 복음을 전도하고 싶었습니다. 하나님나라복음을 확신하지 못한 분들에게는 확신을, 예수님을 신실하게 믿는 분들에게는 복음을 더욱 더 깊이 알 수 있게 하려고 이 글을 육체적 고통 가운데서도 독자가 알 수 있도록 쉽게 쓰려고 노력했습니다. 이 책을 위하여 수고해 주신 나의 사랑하는 공용철 형제, 촘촘하게 교정을 보아준 류대형 형제, 동그라미 자매에게, 그리고 바쁘신 가운데서도 기꺼이 추천의 글을 써 주신 홍인규 교수님, 김회권 교수님께 이 자리를 빌어 깊이 감사드립니다. 또한 이 책이 나오기까지 저와 함께 수고한 배용하 목사님과 박민서 자내님께도 감사의 마음을 드립니다. 비록 조그만 책이지만 성경의 골자를 쉽게 이해할 수 있도록 예수님의 하나님나라복음을 담아보았습니다.

2017년 10월 10일 심한 통증의 시간을 기념하며

용인 산골짜기에서 박 철 수

1장. 죄

생각해 보면 '내'가 '여기' 있다는 것만큼 신기한 사실이 또 있을까요? 거창하게 철학적으로 생각할 것까지도 없습니다. 지구상에 지금까지 살다 간 사람이 800억명이 넘고 지금 사는 사람이 약 75억명이 넘지만, 이 모든 사람을 다 합친다 해도 '나'보다 더 중요하지는 않습니다. 다른 사람이 보기에 비록 별 볼 일 없는 하찮다 생각하는 분들에게도 자신에게 '나'는 가장 중요한 사람입니다. 아무리 생각해도 '내'가 여기 꿈틀거리고 있다는 사실이야말로 참으로 놀랍고 기이한 일이 아닐까요? 내가 존재하기 때문에 모든 문제가 생깁니다.

현대 신학자 폴 틸리히(Paul Tillich, 1886년~1965년)는 말하기를 "나는 무엇이며 어디서 와서 어디로 가는가? 내가 존재하는 의미는 무엇인가? 자기의 존재 의미를 묻지 않는 인간은 참인간이 아니다. 이 물음을 묻지 않고 살아가는 자는 아직도 참으로 인간으로 사는 것이 아니다"라고 했습니다. 성경을 보면 아버지를 잘 둬 고생도 하지 않고 왕이 된 솔로몬이 있습니다. 그는 지혜가 많아서 현군이라는 말을 들었습니다. 모든 부귀와 영화와 쾌락이라면 맛보지 않은 것이 없었던 솔로몬은 그의 말년에 이렇게 노래했습니다.

> 헛되고 헛되며 헛되고 헛되니 모든 것이 헛되도다. 해 아래에서 수고하는 모든 수고가 사람에게 무엇이 유익한가. 만물이 피곤하다는 것을 사람이 말로 다 말할 수는 없나니 눈은 보아도 족함이 없고 귀는 들어도 가득 차지 아니하도다. 내가 해 아래서 행하는 모든 일을 본즉 다 헛되어 바람을 잡으려는 것이로다.
>
> (전1:2~3, 8, 14)

그토록 행복을 추구하는데 왜 인간은 헛되고 불행한가? 왜, 이 세계는 부조리와 불합리, 비극과 허무, 무엇보다 죽음이 있는가? "인간의 위대성은 자기가 비참한 존재라는 것을 알기 때문이다. 나무는 자신이 비참한 존재임을 모른다"는 파스칼의 말이야말로 인간의 진실한 모습을 보여주고 있습니다. 이것의 해답을 얻으려면 우리는 비극과 고난과 허무에 찬 세계의 근원을 알아야 합니다. 인간은 기쁨과 슬픔을 함께 가지고 사는 존재입니다. 그러나 밝은 미소와 즐거움 뒤에는 떨어뜨릴 수 없는 슬픔과 고뇌가 항상 도사리고 있습니다. 인간은 두 얼굴을 가진 존재입니다. 겉으로는 즐거운 미소를 띠고 있지만, 그러나 언제 폭발할지 모르는 슬픔과 고뇌와 죽음을 안고 사는 존재입니다. 성경의 맨 처음은 이렇게 시작합니다.

태초에 하나님이 천지를 창조하시니라(창1:1)

우리는 간단한 이 한마디 구절에서 헤아릴 수 없는 많은 뜻이 담겨 있음을 알 수 있습니다. 세계에 관한 가르침 중에서 이 말에 필적할 만한 주장은 없다고 해도 과언이 아닙니다. 무엇보다 이 한마디가 알게 하는 것은 이 세계와 인간이 우연한 존재가 아니라 하나님이 창조하셨다는 것입니다. 헤르만 궁켈(Herman Gunkel)이 말한 대로 "마치 청동으로 주조해놓은 듯이 이 한마디 말은 모든 무신론과 범신론 그리고 유물론에 도전하고 있습니다." 영국의 위대한 설교자 매튜 헨리(Matthew Henry)는 "성경의 이 첫 구절이야말로 우주의 시작을 다룬 철학자들의 온갖 저술보다 더욱 확실하고 더욱 훌륭하고 더욱 만족스럽고 더욱 유익한 지식으로 우리를 인도해준다."고 말했습니다. 이 세계는 우연한 것이 아닙니다! 신비 덩어리인 인간이란 무엇일까요? 노벨 의학상을 받은 프랑스의 알렉시스 카렐(Alexis Carrel)은 "인간에 관한 정보는 너무 많아 인간에 관한 논문을 모으면 수백 수천 권에 달한다"고 말하면서 그럼에도 불구하고 "실제로 우리는 인간에 대하여 아무것도 모른다. 인간을 연구하는 자들은 아직도 해답을 발견하지 못했고 매우 초보적인 지식 속에서 헤매고 있을 뿐이다"라고 했습니다.[1]

성경은 인격적인 하나님이 계시고 그분이 이 우주와 인간을 창조하셨다고 분명하게 말합니다. 만약 이것이 정말 사실이라면 이보다 더 중요한 일이 어디 있을까요? 우리는 이것에 대하여 알아야 하지 않겠습니까?

하나님이 보시기에 좋았더라(창1:4, 10, 12, 18, 21, 25, 31)

하나님이 천지만물을 만드셨습니다. 이는 엄청난 사실을 말하고 있습니다. 왜냐하면, 이 사실을 인정하느냐 거부하느냐에 따라 우리의 생각과 인생의 방향이 너무도 달라지기 때문입니다. 성경은 세계를 하나님께서 만드셨을 뿐만 아니라 그것을 매우 아름답고 선하게 만드셨다고 말합니다. 창세기 1–3장에는 이 세계와 인간이 어떻게 시작되었으며 왜 죽음과 비극이 있으며, 어떻게 행복할 수 있는가를 보여주는 위대한 내용이 담겨 있습니다.

사람이 보기에 좋은 것이 아니라 거룩하시고 전능하신 자의 판단으로 좋았던 것입니다. 그러기에 이 세계에는 그토록 놀라운 조화가 있었던 것입니다. 하나님께서는 혼돈과 흑암과 공허가 있던 곳에 질서와 조화를 주셨습니다. 창조주 하나님이 계신 곳은 혼돈과 흑암과 공허가 사라집니다. 하나님께서는 사람이 살 수 있는 공간과 여건을 먼저 만드신 후에 사람을 창조하셨습니다. 사람은 창조의 꽃이요, 창조의 왕관입니다.

하나님께서는 인간을 창조하실 때 '하나님의 형상'(Imago Dei)으로 만드셨습니다. 인간의 위대성과 존엄성을 이 말만큼 독특하고 감명 깊게 표현한 말은 없습니다. 인간은 단지 기계가 아닙니다. 인간은 한낱 물질이 아닙니다. 인체를 화학성분으로 분해하면 2.25kg의 칼슘, 500g의 인산, 252g의 칼륨, 168g의 나트륨, 28g의 마그네슘 그리고 28g 이하의 철·동 등으로 이루어져 있다고 합니다. 일리노이 대학의 해부학 교수 할리 먼센 박사는 이 물질들을 현시가로 환산한다면 몇 만원 안팎에 지나지 않는다고 했습니다. 쇠고기 몇 근 값도 안 되는 인간의 육체, 그러나 인간의 존엄성이 거기에만 있지 않음을 금방 알 수 있습니다. 성경이 인간은 '하나님의 형상'을 지닌 존재라고 말할 때 인간은 물질적 존재 이상의 인격적 존재요, 영적인 존재임을 의미하는 것입니다. 인간의 생명은 천하보다 귀합니다. 인간이 하나님과 교제할 수 있는 것은 인격적, 도덕적, 영적인 존재이기 때문입니다.

에덴동산

하나님의 형상으로 지음 받은 인간은 에덴동산에 살았습니다. 에덴동산은 하나님께서 인간을 위해서 특별히 만드신 곳입니다.

에덴동산은 상아나 금으로 장식된 곳이 아닌 자연 그대로의 아담한 동산이었습니다. 대지는 그들의 마루가 되었고 나무그늘은 그들의 안식처였으며 그늘 밑에는 아늑한 거실이 있고 식당도 있었습니다. 그때 핀 꽃은 참으로 아름다웠으며 나무들도 가장 좋은 실과를 맺었습니다. 시인 테니슨은 이렇게 노래했습니다.

　낙원에서 유쾌히 놀 때 4대 강변에 최초의 장미가 피었더라

　이곳에는 인간의 잠을 방해하는 그 어떤 것도 없었으며 눈물이나 불안, 공포와 염려, 무엇보다 죽음이 없었습니다. '에덴'이라는 말은 '기쁨'과 '즐거움'의 뜻입니다. 그곳은 매튜 헨리(Matthew Henry)의 말대로 하나님의 피조물이요, 동역자요 하나님의 아들들이 사는 '황태자의 궁전'이었습니다. 무엇보다 에덴동산은 하나님이 함께하시는 하나님의 임재, 즉 임마누엘(Immanuel)의 동산이었습니다. 존 밀턴(John Milton)은 "인간이 체험할 수 있는 최대의 행복은 하나님의 임재 자체다."고 말했습니다. "에덴동산은 최초의 성전이었습니다.[2] 하나님이 함께 계시는 에덴동산이야말로 형언할 수 없는 행복의 고향이었습니다." 그곳에는 네 가지 '조화'(harmony)가 있었습니다.

　첫째, 하나님과의 조화가 있었습니다.

인간과 그를 만드신 분 사이에 영원한 교제가 있었습니다. 창조주 하나님과 피조물인 인간 사이에 아무런 장애물이 없었습니다. 흙과 영으로 기적을 이루신 하나님은 자신의 형상을 따라 만든 인간과 무엇보다 친교를 원하셨습니다. 그 교제를 통하여 인간으로부터 영광을 받으시길 원하셨습니다. 하나님의 사랑의 팔은 땅에 이르고 그분의 손에 있었던 풍부한 보물은 그의 자녀들에게 누리도록 마련되었습니다. 에덴동산에는 주권자와 신하가 서로 영원히 조화를 이루며 살도록 되어 있었습니다.

둘째, 자신과의 조화가 있었습니다.

인간의 마음으로부터 평화와 행복을 깨뜨리는 원수들은 어떠한 것도 동산에 들어올 수 없었습니다. 하나님께서 그의 자녀들에게 주시고자 하는 행복을 방해할 어두운 그림자가 여기에는 있을 수 없었습니다. 공포, 수치, 자책, 소외, 염려, 불안, 좌절감, 권태 같은 것은 낙원에 살도록 태어난 사람들에게 있을 필요가 없었습니다. 단지 거기에는 실존적 조화가 있었습니다.

내가 두려워하여 숨었나이다.(창3:10)

내가 피곤하고 심히 상하였으매 마음이 불안하여 신음하나이다 (시38:8)

이러한 불행한 소리와 신음이 에덴동산에는 전혀 없었습니다.

셋째, 이웃과의 조화가 있었습니다.

하나님은 인간과의 친교를 위하여 인간을 창조하셨습니다.(창2:18) 또한, 인간은 서로 간에 사랑과 도움이 필요한 존재로 만들어졌습니다. 인간은 이웃들과 함께 평화롭게 살도록 지어졌습니다. 이웃들 속에서 자신을 확인하며 관계를 가지고 살도록 지어졌습니다. 부부 간의 갈등, 형제 간의 싸움, 사회적 혼란이 없도록 지어졌습니다. 인간은 이웃과 조화를 이루도록 창조되었습니다. 에덴에는 이러한 사회, 정치적인 조화가 있었습니다.

넷째, 생태계와의 조화가 있었습니다.

하나님과 인간 사이의 관계는 피조물에까지 영향을 미치게 됩니다. 동산에는 사람들과 사자들이 한데 어울리고, 각종 꽃이 아담과 하와의 사랑을 축복해주며, 새들과 인간들이 서로 말하면서 즐겁게 노래했습니다. 인간은 자연과 조화를 이루도록 창조되었습니다. 그것이 인간을 향하신 하나님의 선하신 의도였습니다. 이러한 조화들은 아담이 하나님께 순종함으로써 영원히 존속할 수 있었습니다. 아담에게는 하나님께 순종할 능력이 있었습니다. 그러나 하나님께서는 인간을 스위치만 누르면 기계와 같이 자동으로 무엇이든지 할 수 있는 로봇이 아니라 인간의 선택과 결단을 통해서 영광을 받으시기 원하셨습니다.

죄와 죽음

그렇다면 인간과 세상이 처한 이런 무서운 상황은 당연히 그 근원과 원인이 무엇일까라는 의문을 일으킵니다. 성경은 이 눈물, 허무, 병듦, 전쟁, 죽음이 죄로 말미암은 것이라고 말합니다. 죄와 죽음은 어디에서 왔을까요? 하나님께서는 동산의 각종 나무와 실과는 마음대로 먹을 수 있게 하셨으나 한 가지 제한을 두셨습니다. 하나님께서 아담과 하와에게 이렇게 말씀하셨습니다.

> 동산 각종 나무의 열매는 네가 마음대로 먹되 선악을 알게 하는 나무의 열매는 먹지 말라 네가 먹는 날에는 반드시 죽으리라
> (창2:16-17)

얼핏 보면 하찮은 것 같은 이 말씀 속에 인간을 향한 하나님의 놀라운 뜻이 들어 있습니다. 이 말씀은 세계와 인간에 대한 기본적인 이해와 태도를 결정하는 중요한 말씀입니다. 우리는 이 말이 하나님께서 나무를 만드실 때 선한 나무와 악한 나무를 만드신 것이라고 생각할 수 있으나 그러한 뜻은 아닙니다. 동산의 나

무는 모두 아름답고 열매를 맺는 나무였습니다. 하나님께서 질적으로 다르게 만들어 어떤 나무의 열매를 먹으면 인간이 선해지고 또 어떤 나무의 열매를 먹으면 악해지고 죽는 그런 것도 아니었습니다. 오직 하나님께 순종하는지를 알고자 하신 것이었습니다. 하나님께서는 인간의 자발적인 선택과 순종을 통해서 영광 받으시기를 원하셨던 것입니다. 무엇이 선이고 무엇이 악일까요? 간음을 왜 죄라고 생각할까요? 아무 남녀가 만나 서로 어울려 좋아하는 대로 지내는 것이 더 좋은 것이라고 생각할 수도 있지 않을까요? 그것이 즐겁고 자연스럽고 선한 것으로 생각할 수도 있습니다. 하등 나쁠 이유가 없지 않습니까?

성경은 선과 악은 절대자 하나님만이 판단하시고 결정하실 수 있다고 말합니다. 선과 악은 인간의 판단에서 나온 것이 아닙니다. 하나님이 선하다고 하는 것이 선이고 하나님이 악하다고 하는 것이 악입니다. 간음은 왜 죄입니까? 하나님께서 금지하셨기 때문입니다. 다른 이유가 없습니다. 동물은 어떤 성적 행동에 대해서도 선악의 개념이 없습니다. 선과 악은 하나님의 판단이요 결정입니다. 선과 악은 본질적으로 거룩하신 하나님의 성품의 결과입니다. 하나님은 인간이 하고 싶은 것을 못하게만 하는 심술쟁이가 아닙니다. 하나님의 말씀은 인간이 행복과 평화를 누리게 하기 위해 주신 것입니다.

하나님께서 인간에게 동산 중앙에 있는 한 나무를 보여주셨습니다. 그리고 이 나무의 열매만은 따 먹지 말라고 하셨습니다. 따 먹는 날에는 죽을 것이라고 하셨습니다. 따 먹지 말라는 말은 하나님의 선과 악에 대한 선언이었습니다. 아마 다른 동물이 그 열매를 따 먹었다면 전혀 문제가 되지 않았을 것입니다. 따 먹지 말라는 열매를 따 먹는 것은 인간이 하나님의 명령을 거스르는 불순종입니다. 그러므로 그것은 죄입니다. 본 회퍼는 다음과 같이 말했습니다. "이 말씀은 자유로운 동산 한가운데 한계선이 그어져 있다는 사실을 보여준다. 이 한계성이 바로 피조성이다. '이 한계 안에서 인간이 되어라. 그리고 이 한계 안에서 자유하여라' 는 말씀이다. 그러므로 한계는 은총이다. 인간은 하나님의 피조물로써 한계가 있는 존재라는 것을 확인시켜 주시는 말씀이다. 그러나 인간은 이 한계성을 거부하였다. 선악을 알게 하는 나무는 생명과 자유의 문제다. 한계성이야말로 피조성과 자유의 진정한 근거입니다."[3]

선·악을 알게하는 나무

하나님께서는 인간을 한계성의 존재, 선택하는 존재, 결단하는 존재, 그러나 자유를 가진 존재로 만드셨습니다. 선택 없는 인간의 존재란 전혀 무의미한 것입니다. 하나님과의 교제는 선택을 통해서만 가능합니다. 우리는 기계와 교제를 나눈다고 말하지 않습니다. 아무리 아끼는 자가용이라 해도 사랑을 나눈다고 말하지 않습니다. 기계는 인간에 의해서 단지 조작되고 조정되어질 뿐입니다. 왜냐하면, 기계는 비인격적 사물이기 때문입니다. 인간의 제일 되는 계명은 예나 지금이나 "네 마음을 다하고 목숨을 다하고 뜻을 다하여 하나님을 사랑하는 것입니다."(마 22:37) 결단과 순종 없는 사랑은 무의미한 것이며 선택 없는 인간은 단지 기계일 뿐입니다.

'선악을 알게 하는 나무'는 선택과 자유에 관한 문제를 제기합니다. 하나님이 '선악을 알게 하는 나무'의 열매를 먹지 말라고 하신 명령의 이면에는 인간이 그것을 먹을 가능성이 있음을 전제하고 있습니다. 그렇지 않다면 금지명령은 별 의미가 없습니다. 하나님께서는 인간을 죄를 지을 가능성을 가진 존재로도 만드셨습니다. 어떤 사람들은 하나님이 인간을 왜 악의 가능성을 가진 존재로 만들었느냐고 항의하기도 하고 왜 선악과를 만드셨느냐고 불만을 토로하기도 합니다. 그러나 이 항의는 왜 나를 기계로 만들지 않았느냐는 말과 똑같습니다. 죄의 가능성이 없는 존재는 그 자체가 이미 로봇입니다! 인간은 자유의지를 가진 위대한 존재입니다. 남자와 여자의 사랑, 친구에 대한 우정은 인간만의 것이고 또 그것은 자유로운 선택과 결부되어 있습니다. 선택의 자유 없는 사랑이란 존재하지 않습니다. 만약 하나님께서 인간을 기계적으로 만드셨다면 기계적으로 순종할 수 있었을 것입니다. 그러나 기계적이고 강제적인 사랑에 무슨 의미가 있겠습니까? 사람과 사람이 사랑하고, 그 사랑에 감동이 있고, 즐거움이 있고, 스릴이 있는 것은 선택이 수반되기 때문입니다. '내' 가 기계가 아닌 영적인 존재로서 자유의지를 가진 인격이라는 사실만큼 신비하고 감동적인 사실이 또 어디 있겠습니까! '선악을 알게 하는 나무' 는 자유의 문제입니다. 하나님은 인간 앞에 선택을 두셨습니다. 선택이야말로 인간 존재의 경이로움입니다. 이와 관련하여 헤르만 바빙크는 다음과 같이 말했습니다. "우리는 여기에서, 하나님께서 인간에게 선택의 자유를 주셔서 인간을 혼란에 빠뜨렸다고 생각하지 말아야 합니다. 아담은 그 명령을 쉽게 지킬 수 있었습니다. 왜냐하면 그것은 가벼운 명령이었고 그에게 허락된 모든 것들 보다 비교할 수 없는 가벼운 명령이었기 때문입니다."[4]

죽음

그런데 "들짐승 중 가장 간교한 뱀이 등장합니다.(창 3:1) 하와에게 말을 걸어오는 뱀은 정관사가 붙어있는 것으로 보아 하와와 이미 알고 있는 뱀으로 하와와의 만남이 처음이 아니라는 점을 알 수 있습니다. 하와에게 질문하고 도전하는 것을 보면 뱀이 이미 하나님과 아담과 하와 사이에 있던 선악과 계명을 친숙하게 알고 있었다고 볼 수 있습니다. 우리는 신약성경에 가서야 "뱀이 하나님께 반역한 사탄과 동일하다는 것을 알 수 있습니다. 뱀은 처음부터 하나님과 사람을 이간질하기 위해 거짓말하는 자요, 살인자 였음을 알 수 있습니다."(요8:44) 이 뱀은 주도면밀하게 하나님 말씀에다 자신의 의견을 덧 붙이거나 일부 추가하고, 어떤 경우는 하나님의 말씀 일부를 생략하거나 원래의 뜻을 왜곡합니다.(창3:1-7) 무엇보다 하나님의 명령을 의심하게 하고 상대화하게 만듭니다. 뱀은 하나님의 사랑에 대한 거부와 의심, 하나님의 의도에 대한 의문과 피해의식이 하나님의 왕적 통치, 하나님 나라를 좌절 시키는 항구적인 반동세력임을 보여 줍니다."[5]

아, 그런데 인간의 아버지인 아담은 잘못된 선택을 하고야 말았습니다. 하나님의 말씀을 거역하였습니다. 불순종을 택한 것입니다. "네가 먹는 날에는 정녕 죽으리라"는 하나님의 엄숙한 약속은 기필코 수행돼야 했습니다. 하나님의 진노(롬 3:5)가 나타나야 했습니다. 인간은 뱀을 통해 자유의 한계를 넘어서고야 말았습니다.

이제 '죽음' 은 필연적 인간의 상황이 되었습니다. 교차로에서 자동차 추돌사고가 있었다 해서 신호등이 왜 거기 있었느냐고 신호등을 탓할 수는 없습니다. 신호등은 우리를 보호하기 위해 있는 것이지 사고를 일으키기 위해 있는 것이 아닙니다. 하나님께서는 아담이 죄를 범하자마자 "네가 어디 있느냐"고 질문하십니다. 이것은 인간을 향한 하나님의 최초 질문입니다. "아담아, 네가 어디 있느냐?" 이 질문은 하나님께서 인간이 숲 속 어디 있는

지를 몰라 물으시는 물음이 아니라, 불순종한 아담의 실존에 관한 질문입니다. 그럼에도 불구하고 하나님은 검사처럼 추궁하기보다 자애로운 부모처럼 "아담아, 어디 있느냐? 물으십니다.

> 아담아, 네가 어디 있느냐(창3:9)
> 오호라 나는 곤고한 사람이로다. 이 사망의 몸에서 누가 나를 건져내랴(롬7:24)

뱀의 꾐에 따라 선악과를 따먹은 후에 아담과 하와는 눈이 밝아졌습니다. 인간은 이제 선과 악을 판단하는 자율성을 갖게 되었습니다. 하나님의 계명을 어긴 후 사람은 눈이 밝아져 하나님을 두려워하고 피해 할 존재가 됩니다. 하나님에 대한 합당한 경외심이 사라진 자리에 하나님에 대한 회피심과 공포심이 생기게 되었습니다. 하나님과 동행하던 에덴동산이 두려움과 수치의 동산이 되었습니다. 기쁨의 동산, 즐거움의 동산에 이제 비극과 두려움, 그리고 죽음이 들어오게 되었습니다. 이렇게 해서 이 세계에 죄와 함께 죽음이 들어왔습니다.(롬5:12) 하나님과의 교제가 끊어졌습니다. 죽음은 우연이 아닙니다. 죽음은 하나님의 심판이요, '죄의 삯' 이라고 성경은 분명히 말하고 있습니다.(롬6:23)

죽음!

이제 죽음은 모든 인간의 숙명이 되었습니다. 그것은 인간의 비극적 상황의 대명사가 되었습니다. 인간에게 있는 모든 비극, 고난, 아픔, 절망, 불안은 죽음에의 준비요, 그림자요, 계속적인 죽음입니다. 그는 요람에서 무덤까지 항상 죽어가고 있습니다. 그의 삶이란 죽음과의 짧고 허망한 싸움일 뿐입니다. 그러다가 마침내 죽어 버립니다.

인간은 주성분은 흙입니다.(창2:7) 땅의 흙입니다! 흙덩어리 일 뿐입니다. 불순종의 대가는 "너는 흙이니 흙으로 돌아갈 것이니라"(창3:19)입니다. 삶이란 기쁨과 즐거움이 아니라 단지 그림자일 뿐이요, 꿈이요, 한 뼘의 생이요, 올라갔다가 깨져버리는 대양의 파도요, 비쳤다가 사라지는 광선이요, 피었다가 지는 꽃이요, 잠깐 있다가 없어지는 안개입니다.(약4:14) 그는 계속 죄 가운데 죽어가고 있고,(요8:21, 24) 죄와 허물로 죽었습니다.(엡2:1) 항상 고난이, 슬픔이, 절망이, 불안이 웅크리고 있습니다.

범죄하자 마자 인간은 낙원에서 쫓겨났습니다. 하나님과 분리가 일어났습니다. 하나님의 형상으로 지음 받은 인간은 하나님과의 만남 속에서만 안식할 수 있습니다. 그분 안에서만 인간은 충족되고 영원하며 복되게 살 수 있습니다. 그러나 하나님과의 교제가 불순종으로 깨졌을 때 인간은 항상 죽어가고 결국 죽고 맙니다.

하나님의 심판의 결과는 인간에게만 국한된 것이 아니라 외부의 객관적 세계인 생태계까지 이르게 되었습니다. 그래서 생태계 또한 비정상적이 되었습니다. 우리가 구원 받는다는 것은 앞에서 말한 네 가지 분리로부터 회복되는 것입니다. 하나님과 나, 나와 나, 나와 너, 나와 생태계, 이 네 가지 분리를 통하여 이 세계는 어그러지고 거스르는(빌2:15, crooked and twisted) 비정상적 세계가 되었습니다. 정상적인 세계가 비정상이 되어버렸습니다. 이러한 사실은 세계를 이해하는 중요한 세계관입니다. 이러한 이해 없이는 세계를 바로 볼 수 없습니다. 성경 이외의 다른 종교나 사상에서는, 세계 그 자체는 옛날이나 지금이나 정상적이라고 말합니다. 그러나 성경적 세계관은 인간의 죄에 의해 세계가 비정상적이 되었다고 말합니다. 우리는 지금 비정상적인 세계에서 살고 있습니다. 생명으로 가득 찬 세상에 죄가 침입했고 죽음이 들어 왔습니다.

죽음은 가장 평등합니다. 죽음은 예외 없이 그리고 예고 없이 우리를 찾아옵니다. 언제 죽음이 나를 부를지 아무도 모릅니다. 죽음의 냉혹한 손이 우리의 생명의 문을 난데없이 노크합니다. 그 처절한 광경을 악성 베토벤은 제5교향곡 '운명'의 제1악장 서두에서 '바바바방'이라는 네 음으로 의미심장하게 표현했습니다. 죽음은 갑자기 문을 두드립니다. 죽음은 바람처럼 홀연히 우리를 찾아옵니다. 불로장생과 영원한 생명은 만인의 간절한 소원입니다. 그러나 우리는 죽을 수밖에 없습니다. 재위 기간 15년에 만리장성을 쌓았고, 불로장생을 그렇게도 원했던 진시황제는 49년(BC 259.1~BC 210.9)을 살다가 죽었습니다. 그리스 신화에 보면 죽음을 의미하는 타나토스(Thanatos)는 잠의 형제요, 어둠의 아들이라고 했습니다. 우리는 죽음의 본질이 무엇인지 모릅니다. 우리는 죽어볼 수 없습니다. 그만 죽어버리는 것입니다. 죽음은 우리의 인식을 거부하고, 경험을 거부하고, 존재를 거부합니다. 죽음은 삼중(三重)의 거부입니다. 죽으면 모든 것이 끝납니다. 우리는 결국 한 줌의 흙으로 돌아갑니다. 부귀도 영화도 명성도 권력도 사랑도 죽음 앞에서는 무(無)나 다름없습니다. 죽음처럼 인생의 허무를 느끼게 하는 것은 없습니다. 죽음을 생각하면 누구나 슬퍼집니다. 우리는 그동안 사랑했던 모든 것을 두고 이 세상을 떠나야 합니다. 파스칼은 죽음의 모습을 이렇게 그립니다.

> 많은 사람이 사슬에 얽매여 모두 죽음의 선고를 받고 그중의 몇 사람이 매일 딴 사람이 보는 앞에서 죽으며 남은 사람들은 자기 자신의 운명이 그들의 운명과 같은 것을 보고 비애 속에 희망도 없이 서로 얼굴을 바라보면서(파스칼, 『팡세』)

죽음

우리는 언제일지 모르지만 잠깐 후면 예외 없이 모두 죽습니다. 죽음은 단지 시간 문제입니다. 인간의 최대의 문제는 죽음이라는 데 동의하지 않을 사람은 아무도 없을 것입니다. 그런데 이 죽음이 어디서 온 것입니까? 왜 죽음이 인간에게 있는 것입니까? 죽음이란 자연스러운 것입니까? 죽음을 생각하는 것은 용기가 없기 때문이 아닙니다. 우리의 엄연한 현실인 죽음에 대한 성경적 결론을 내리고서야 비로소 삶을 잘 살 수 있기 때문입니다. 죽음을 대면하지 못하고는 삶을 진지하게 살 수 없습니다. 죽음의 문제야말로 삶의 최대 문제입니다. 프로이트는 성적으로 인간의 문제를 해결하려 했습니다. 칼 마르크스는 경제 문제를 잘 다루었지만 영적 문제, 죽음의 문제는 전혀 다루지 않습니다.

그리스 신화에 이러한 이야기가 있습니다. 옛날 소아시아의 프리기아 지방은 술의 신 디오니소스(Dionysos)를 숭배하는 마이더스(Midas) 왕이 다스리고 있었습니다. 그는 굉장한 부자에다가 이 세상에서 가장 똑똑하다는 자만심에 가득 찬 사람이었습니다. 어느 날, 백성이 포도를 훔친 노인을 왕 앞으로 끌고 왔습니다. 마이더스 왕은 그 노인이 바로 디오니소스의 스승이며 오랜 친구인 시렌느라는 것을 금방 알아보았습니다. 그래서 노인에게 벌을 내리기는커녕 그를 반갑게 맞아들여 잔치를 베풀었습니다. 마침 그때 디오니소스 신은 황금마차를 타고 스승을 찾아나서는 길이었습니다. 스승을 만난 디오니소스 신은 매우 기쁘고 고마워서 마이더스 왕에게 보답으로 무엇이든 소원 하나를 들어주겠다고 말합니다. 왕은 한참 생각하고 나서 말했습니다. "내 손에 잡히는 것은 무엇이든지 황금으로 변하게 해주십시오." 이 말을 듣던 디오니소스는 "좀 더 좋은 소원이 있을 텐데, 하지만 아무려면 어떤가. 그대의 소원이 이루어지리라!"고 축복했습니다. 큰 소원이 이루어질 것을 생각한 마이더스 왕은 신이 나고 우쭐한 생각이 들었습니다. "이 세상에서 내가 제일 부자야…"라고 생각하면서 그는 조바심이 생겨 디오니소스의 선물을 시험해 보고 싶었습니다. 나뭇가지 하나를 꺾은 그는 자신의 눈을 의심했습니다. 나무줄기와 잎사귀가 순식간에 황금으로 변한 것입니다. 그는 이번에는 조약돌 하나를 만져보았습니다. 조약돌 역시 황금으로 변했습니다. 마이더스는 미친 듯이 그의 궁전으로 달려갔습니다. 궁전의 문은 그의 손이 닿기가 무섭게 황금으로 빛나기 시작했습니다. 마이더스는 큰 잔치를 베풀었습니다. 그런데 빵을 집으면 빵이 금방 황금으로 변하고 물에 손을 대도 황금으로 변해 버렸습니다. 손에 닿는 모든 것이 황금으로 변하자 왕은 두려움에 사로잡혔습니다. 그는 자신의 소원이 몸서리치게 끔찍한 것임을 그제야 깨달았습니다. 그렇게도 많은 사람이 황금이 많이 있으면 행복할 수 있다고 생각하지만, 과연 그럴까요? 그렇게도 추구하는 돈이 인간을 행복하게 할까요?

무엇인가 잘못되어 있다

『카라마조프가의 형제들』은 러시아의 대문호 도스토예프스키의 위대한 문학작품입니다. 도스토예프스키의 위대성은 이 작품에서 유감없이 볼 수 있습니다. 아버지 표도르 파블로비치와 세 형제 미쨔, 이반, 알료샤 이 네 사람이 카라마조프가의 일원들입니다. 이 작품은 이 사람들을 둘러싸고 많은 사람이 등장하여 온갖 인간 드라마를 전개해 갑니다. 한 여인을 놓고 벌어지는 아버지와 자식 간의 싸움, 아버지로부터 돈을 뜯어내기 위한 줄다리기, 결국 아버지를 죽이는 살인극들이 전개됩니다. 위선과 증오, 갈등, 비겁, 거짓말이 난무합니다. 큰형 미쨔와 막내인 알료샤와의 대화의 장면 속에 인간의 모습이 잘 나타나 있습니다. 큰형 미쨔가 동생이자 수도승인 알료샤에게 말합니다.

알겠니 알료샤! 내가 바로 그 벌레란 말이다. 아니 우리 카라마조프 일가(一家)는 모두 그런 인간들이지. 그래서 천사 같은 너의 내부에도 그런 벌레가 살고 있어서 네 피 속에 폭풍을 일으키는 거야. 암 폭풍이고 말고. 정욕은 폭풍이니까. 아니 폭풍보다 더하지. 나는 원래 학식이 없는 놈이지만 여기에 대해서 여러모로 생각해보았어. 정말이지 신비가 너무 많아. 내가 참을 수 없는 것은 고상한 마음과 뛰어난 지혜를 지닌 인간이 마돈나의 이상을 품고 출발했다가 결국 소돔의 이상으로 끝나고 만다는 사실이야. 너 이 비밀을 알고 있었니? 거기서 악마와 신이 싸우는 거야. 그리고 그 싸움터가 바로 인간의 마음이지 아무튼 나는 방탕을 사랑했고 그 방탕의 치욕까지 사랑했어. 잔인한 짓도 좋아하구. 그런데도 내가 벌레가 아닐 수 있겠어? 해로운 벌레가 아닐 수 있겠니? 카라마조프라 어쩔 수 없는 거야!

이 말을 듣고 있던 알료샤는 얼굴을 붉히면서 형 미쨔에게 이렇게 말합니다.

내가 얼굴을 붉힌 건 형님의 얘기 때문도 아니고 형님의 행실 때문도 아닙니 다. 나 자신도 형님과 똑같은 인간이기 때문에 그런 겁니다. 누구나 똑같은 층계에 서 있는 거예요. 결국 똑같은 것이지요.

우리는 『카라마조프가의 형제들』을 읽다 보면 처음에는 이렇게 추하고 파렴치한 사람들이 있을까 하고 분노하고 미워하는 감정을 갖게 되지만, 그러나 이내 그들의 모습이 다름 아닌 나 자신의 모습인 것을 발견하며 섬뜩해 합니다. 그렇습니다! 카라마조프 일가의 이야기는 남의 이야기가 아니고 나 자신의 모습이며 모든 인간의 모습입니다. 내 마음 안에 '카라마조프'가 있습니다. 이 작품은 읽는 이로 하여금 인간 자체에 대한 회의를 느끼게 합니다. 인간에 대한 수치와 전율을 느끼게 합니다. 거기에는 배신, 불신, 암투, 잔인, 강간, 오해, 이간, 욕정, 약탈, 살인, 증오, 비겁, 고독, 의심, 거짓, 저주, 모함, 분노, 고통, 비참, 불안, 공포, 아부, 자만, 편견이 있습니다. '카라마조프 家'는 나의 친척이요, 우리 모두의 모습입니다.

인간은 악하다

2차 세계대전이 끝나자 그것을 소재로 사람들은 많은 작품들을 썼습니다. 위대한 여류 정치철학자 한나 아렌트(Hannah Arendt)는 아이히만의 재판에 직접 참여하면서 '악의 평범성에 대한 보고서'를 부재로 한 저서 『예루살렘의 아이히만』에서 정치철학의 중요한 이론을 만들었습니다. 인간은 한사람으로 보면 선할 수 있습니다. 그러나 인간은 관료적 체계 속에 살아갑니다. 관료체계는 효율성을 목표로 합니다. 상관이 지시할 때 따를 수밖에 없습니다. 수많은 유대인이 죽어 가는데도 평범한 지시에 의하여 물 흐르가듯 이루어 질 수 있다는 것입니다. 아이히만은 그렇게 수많은 사람을 죽였느냐는 재판장의 질문에 "상관이 그렇게 하라고 말했습니다"라며 대답했습니다.[6] 아렌트는 이를 이름하여 '악의 평범성'이라 불렀습니다. 악의 평범성은 우리 곁에 언제나 웅크리고 있습니다. 죄는 우리 가까이 있습니다. 아니, 언제든지 출동할 준비가 되어 있습니다. 이 말은 신학적 용어로 말하면 '죄의 보편성'을 의미하는 것이 아닐까요?

인간은 죄인이 되었습니다!

인간은 죄인입니다!

이것은 신학적인 도그마가 아니요. 낯선 이론이 아닙니다. 죄의 보편성은 모든 사람의 의식 속에 있는 사실이요, 경험적으로 증명된 사실입니다. 인간은 누구나 흉악한 죄인의 잠재력을 가진 존재(sinful man), 아니 죄인(sinner) 그 자체입니다. 누가 이것을 감히 부정할 수 있겠습니까?

> 의인은 없다. 한 사람도 없다. 깨닫는 사람도 없고 하나님을 찾는 사람도 없다. 모두가 곁길로 빠져서 쓸모가 없게 되었다. 선한 일을 하는 사람은 없다. 한 사람도 없다. 그들의 목구멍은 열린 무덤이다. 혀는 사람을 속인다. 입술에는 독사의 독이 있다. 입에는 저주와 독설이 가득 찼다. 발은 피를 흘리는 일에 빠르며 그들이 가는 길에는 파멸과 비참이 있다. 그들은 평화의 길을 알지 못한다. 그들의 눈에는 하나님을 두려워하는 빛이 없다.
>
> (롬3:10~18 표준새번역)

이 얼마나 적나라한 인간의 모습입니까? 그 누가 이것을 항의하고 나설 수 있겠습니까?『셜록 홈즈』를 쓴 코넌 도일(Arthur

Conan Doyle)은 영국이 낳은 불세출의 명탐정 소설가입니다. 그가 한번은 인간 심리의 심층을 파헤쳐보려는 작가적 흥미로 당시 런던 사교계의 명사들에게 이러한 전문을 띄어 보냈습니다.

모든 것이 탄로났다. 빨리 런던을 떠나라. 셜록 홈즈.

이 장난기 어린 한 장의 전보는 그러나 뜻밖에도 자그마한 소동으로 이어졌습니다. 명사들은 그날로 황망히 런던을 빠져나갔기 때문입니다. 도대체 그들은 무슨 죄를 지었기에 어떤 약점이 있었기에 앞뒤를 가려볼 겨를도 없이 허둥지둥 런던을 떠나야 했을까요? 정말로 놀란 사람은 전보를 받고 도망친 명사들이 아니라 발신인인 코넌 도일이었습니다.

성경은 이렇게 말합니다.

여호와께서 사람의 죄악이 세상에 가득함과 그의 마음으로 생각하는 모든 계획이 항상 악할 뿐임을 보시고 (창6:5)
만물보다 심히 부패한 것이 인간의 마음이라 (렘17:9)

그렇습니다. 모든 인간은 예외 없이 항상 악합니다. 인간이 악하다 함은 인간에 대한 멸시적 비관주의가 아닙니다. 이것은 우리의 현실이요 경험입니다! 이 엄청난 인간의 죄는 인간의 조상이 하나님께 불순종함으로 오는 인간에게 들어왔습니다. 첫 발걸음이 잘못된 방향으로 들어서자 아담의 후예들은 모두 같은 궤도를 따라 걸었습니다. 죄는 인간의 풍토병입니다. 인간은 '죄의 존재'입니다. 인간이면 죄 가운데 살 수밖에 없습니다. 죄의 상황에서 벗어날 수 있는 인간은 아무도 없습니다. 인간은 바로 죄인입니다.

> 에디오피아 사람은 흑인으로서 날 때부터 검으며, 표범은 그 가죽이 얼룩무늬로 되어 있다. 때는 빨아서 없앨 수가 있다. 그러나 인간의 죄는 에디오피아인의 피부처럼 표범의 가죽처럼 빨아낼 수도 없고 제거할 수도 없다.(렘13:23)
> 인간은 본질상 진노의 자식이다.(엡2:3)
> 그러므로 하나님과 원수가 되었고,(롬5:10)
> 하나님이 진노하시는 대상이 되었다.(롬1:8)

에덴동산에는 죄가 없었습니다. 그곳에는 하나님과의 교제로 기쁨과 행복만이 충만했습니다. 그런데 이제 뱀을 통해 죄가 들어와 인간과 사회 속에서 왕 노릇하게 되었습니다.(롬5:17) 이제 모든 사람은 죄의 다스림을 받고 조종을 받는 존재가 되었습니다. 오늘의 현실이 왜 이토록 부조리 합니까? 죄가 인간의 생명을 덮치고 들어왔기 때문입니다.(롬 5:21) 이 세상에 죄가 침입했습니다. 성경은 죄를 인격화하고 있습니다. 이 세상은 원래 하나님 보시기에 "심히 좋았더라"고 말씀하신 곳입니다. 그때는 죄가 없었습니다.

> 죄를 낳고 죄가 장성한즉 사망을 낳느니라.(약 1:14-15)

이 세계에 편만한 모든 악은 죄의 왕 노릇으로 비롯됩니다. 죄의 억센 손길은 인간 존재의 모든 면에 연루되어 있습니다. 죄는 우리 내면의 실존에서부터 가정생활과 사회생활의 구석구석에, 전쟁의 와중에, 그리고 현대 문명의 이면에 강하고 사납게 깊숙이 침투하여 모든 문제를 만들어 내고 있습니다. 구체적으로 인간이 얼마나 잔인할 수 있는가를 보여 주는 사건이 있습니다. 정현웅이 쓴 『마루타』에 보면 일본군은 1940년을 전후하여 인간을 대상으로 생체실험을 통하여 각종 세균실험과 페스트, 콜레라균을 통해 어떻게 죽어 가는지를 살피는 생체실험을 비롯한 약물실험을 하고 그 실험대상자를 마루타(丸太)라고 불렀습니다. 마루타는 '통나무'라는 뜻입니다. 일본 관동군 만주 제731부대는 한국인, 중국인, 몽고인, 러시아인, 미군 등을 포함한 포로 3천여 명에게 대형 원심 분리기를 이용하여 생피를 짜내는 실험, 진공실에 넣고 압력의 속도에 따라 인체의 반응을 알아보고, 무중

력 생존실험, 여자를 대상으로 한 매독실험, 동상실험, 동물의 피와 인간의 피를 교환해 보는 대체수혈실험, 임산부에게 약물을 투여한 후 기형아 생성과정을 살피는 실험, 인간의 손가락을 톱으로 잘라보는 실험 등 이루 헤아릴 수 없는 만행을 저질렀습니다. 이러한 잔인함은 히틀러에 의해서도 자행되었습니다. 이는 인간이 얼마나 잔인 할 수 있는가를 보여 주는 한 단면입니다. 그러면서도 사죄하지 않는다는 사실이 우리를 더욱 놀라게 합니다.

죄와 사망의 왕노릇

이보다 더 큼찍한 것은 제2차 세계대전은 역사상 가장 많은 희생자를 낸 치명적인 전쟁이었다는 것입니다. 유럽대륙과 태평양, 아시아지역 등 세계 전역에 걸쳐 일어난 이 전쟁을 통해서 당시 세계 인구 23억명 중 3%에 해당하는 6천만 명 이상이 무참하게 죽었습니다. 그 중에는 대량학살이나 공습으로 민간인도 많이 죽었습니다. 전쟁으로 인한 질병, 기근, 성적착취, 인체실험 등 인류 역사의 가장 야만적인 행위가 이루어졌습니다. 아우슈비츠는 인간이 얼마나 잔인한지를 극명하게 보여 줍니다. 생각만 해도 두려운 일입니다. 두렵고 소름끼치는 일이 아닙니까? 그 이후에도 인간은 조금의 반성도 없이 지금도 여러 나라에서 대량학살이 자행되고 있습니다. 인간만큼 기억력이 부족한 동물이 또 있겠습니까? 인간이 믿었던 이성의 한계를 보여주는데 이 보다 더한 사건이 어디 있겠습니까? 기독교 철학자인 칼 야스퍼스(Karl Jaspers, 1883-1969)는 2차 세계대전의 의미를 묻는 책, 『죄의 문제』에서 "정치적이지 않는 철학은 참된 철학이 아니다."고 말하면서 "우리 자신의 죄를 그 근원까지 추궁하면 인간의 본성을 만나게 된다."[7]고 말합니다. 야스퍼스는 히틀러의 광기어린 전쟁을 인간의 죄에서 찾고 있습니다.

인간은 인간에게만 잔인한 것이 아니고 나아가 동물에게까지도 잔인한 존재입니다. 프랑스 출신이며 사상가요 인간동물 연구에 평생을 바쳐온 호세 안토니오 하우레기는『동물들의 인간심판』[8]에서 인간심판 재판정에서 동물을 대표하는 동물 검사는 "인간은 잔인하고 오만한 독재자이자, 인간은 비방, 중상, 학대, 대량학살 등 모든 종에게 위협이 되는 존재입니다. 따라서 인간에게 이 재판에서 내릴 수 있는 최고형인 사형을 선고할 것을 요청합니다!" 이어서 동물 판사는 "자연에 대한 수많은 범죄를 저지른 인간이지만 오늘 법정에서는 관대하게 집해유예를 선고하려고 합니다. 인간은 이 시간 이후로 동물 가족을 매우 존중하고 대지의 어머니의 모든 아들딸과 자신의 삶이 연결되어 있음을 깨달아야 할 것입니다. 그들과 함께 살되 존엄성, 공정함, 연대책임을 갖고 그들을 대하도록 노력해야 할 것입니다." 이 판결문을 보면 적어도 인간보다 동물들이 훨씬 인간적인 것 같습니다.

구원을 갈구하다

그럼에도 불구하고 인간은 구원을 추구합니다. 구원을 포기할 수 없습니다. 사도 바울은 구원을 갈망하는 인간의 모습을 이렇게 말합니다.

> 오호라 나는 곤고한 사람이로다. 이 사망의 몸에서 누가 나를 건져내랴(롬7:24)

생명과 행복을, 자유와 평화를 갈망하지 않는 사람이 있을까요? 인간에게는 구원이 필요합니다. 비극과 불안과, 고통과 무의미로부터, 혼돈과 죽음으로부터 구원이 필요합니다. 믿음을 갖기 위해서는 자신과 세계에 대한 진지한 고민, 합리적 의심이 필요합니다. 무조건 믿는 신앙은 좋은 믿음이기는커녕 마술신앙일 수 있습니다. 행복, 죽음, 삶의 의미가 무엇인지 고민해야 합니다. 이 문제를 풀지 않고 삶을 산다는 것은 스캇 팩(Scott Peck)의 말대로 '태만' [9] 때문입니다. 여기서 말하는 '태만'은 인생의 중요한 문제들에 대해서 무관심할 뿐만 아니라 여기에 대한 열정을 가지지 못하고 그저 살아가기 만하는 사람들의 모습을 일컬어 하는 말입니다. 하나님께 진정한 소망을 얻고 아름답고 위대한 삶을 살기 위해 진정으로 신음해야 하지 않을까요? 지구상에서 나에게 가장 중요한 '나' 자신의 삶의 목적과 존재의 의미를 찾기 위해 우리를 창조하신 하나님께 두 손 벌리고 나아가야 하지 않을까요?

2장. 율법

　우리는 앞장에서 인간의 비참함과 죽음의 근원에 대하여 살펴보았습니다. 죽음은 인간의 죄로 말미암은 것입니다. 이것이 성경이 말하는 독특하고 명백한 선언입니다. 그러나 거룩한 삶으로의 부르심을 깊이 새기지 않은 채 그저 하나님께서 모든 죄를 용서하셨으니 우리가 할 일이 더는 없다고 믿어버리는 것은 예수님께서 원하시는 삶은 아닙니다. 우리가 왜 용서받아야 하는지를 모른다면 용서 받는 것은 무의미할 뿐입니다. 그렇다고 죄와 관련된 언어를 없애버린다고 죄가 사라지는 것은 아닙니다. 우리가 그것을 무엇이라 부르든 인류는 여전히 소외, 진실의 왜곡, 지옥 같은 현실, 죽음을 경험합니다. 예수님을 십자가에 못 박히게 한 죽음의 무게가 얼마나 큰지 모른다면, 그리고 우리가 그 일의 공모자임을 깨닫지 못한다면, 이 용서의 입맞춤은 우리와 무관할 수밖에 없습니다. 결국 우리는 그의 놀라운 초대, 예수님과 함께 하는 새로운 삶으로의 초대를 받을 수도 없게 됩니다. 기독교에서 '죄'는 수많은 의미를 가지고 있습니다. 이 말은 개인의 잘못된 행동부터 사회의 부정의, 인간이 태생적으로 갖고 있는 한계까지 아우를 정도로 폭이 넓습니다. 물론 어떤 사람이 죄라고 여기는 일을 다른 사람은 죄로 여기지 않는 경우도 있습니다. 죄인이라 불릴 때 엄청난 두려움을 느끼는 사람이 있는가 하면 잠깐 신경 거슬리는 일 정도로 넘겨버리는 사람도 있을 것입니다. 죄를 짓는다는 것은 윤리적으로 잘못된 일을 하는 것보다 훨씬 더 심각한 일입니다. 우리가 생각하는 것 이상으로 우리는 이 죄에 깊게 몸담고 있음을 앞장에서 살펴 보았습니다.

죄는 우리의 희망

"사람들은 은총과 용서라는 말이 지닌 진정한 의미를 알지 못하면서도 그저 어두컴컴한 죄의 현실을 피한 채 은총과 용서만을 들으려 합니다. 이미 이 시대는 우리가 '죄'라 여겼던 항목을 축소하면서 나름의 해법을 고안해 냈습니다. 이제 자살, 이혼, 중독을 죄라고 생각하는 이가 많지 않습니다. 동거를 하거나 결혼하지 않고 아이를 낳는 일 또한 마찬가지입니다. 혼전 성관계는 일반화되어서 혼전순결을 지킨 사람들을 만나기가 하늘에 별 따기일 정도입니다. 많은 교회가 공통적으로, 설교단에서 공개적으로 선포할 수 있는 죄라고는 예배에 빠지는 일, 교회 행사에 빠지는 일, 청지기 정신의 부족정도입니다."[10]

　그 결과 죄와 구원을 다루는 기독교의 언어가 생동력을 잃어
버렸습니다. 그 이유는 죄와 용서의 언어와 경험 사이의 연결고
리를 잃어버렸기 때문입니다. 죄를 말하기 위해 우리는 우리 경
험의 중심부로 헤엄쳐 들어가야 합니다. 그러면 그곳에서 우리
는 죄가 우리의 유일한 희망임을 발견하게 될 것입니다. 죄란 우
리가 생각했던 것보다 훨씬 더 근본적입니다. 인간은 피조세계
를 이루는 그물망 속에 살고 있습니다. 누구도 이 땅에서 홀로 존
재할 수는 없습니다. 죄는 우리 삶 자체와 연결되어 있습니다.
그렇다고 해서 심판의 두려움에 마비될 필요는 없습니다. 죄에
대한 적절한 반응은 벌이 아니라 속죄이기 때문입니다. 일을 바
로잡기 위해서는 먼저 무언가 문제가 있음을 알아야 합니다. 어
떤 도움도 필요 없다면 이를 도울 방법은 없습니다. 물건이 고장
나지 않았다고 하는데 그 물건을 수리할 수는 없는 일입니다. 그
러니 이 세계가 안타깝게도 돌이킬 수 없을 만큼 망가졌음을 인
정하지 않는다면 세계를 바꿔나갈 수 있다는 희망조차 가질 수
없을 것입니다.
　"그러나 이 고통과 아픔을 죄라고 부르기로 결단하면, 그 순
간 현실을 지각하는 방식에 급진적인 전환이 일어납니다. 그 무
언가를 죄라고 부르는 행위는 무언인가 잘못되었음을 인정하는

일입니다. 죄라는 단어는 내가 죄인이라는 명시적인 고백을 하지는 않았더라도 나의 연약함과 무능을 인정하는 일입니다. 그래서 무언가를 죄라고 부르는 것은 나에게 매번 지치는 일에 지쳤다고, 더는 이런 숨 막히는 고통 속에서 한순간도 살고 싶지 않다고 고백하는 일입니다. 이렇게 고백하기란 결코 쉽지 않지만 그러한 만큼 이 고백에는 희망이 담겨있습니다. 물론 이런 희망은 현재 우리가 서 있는 길에 대한 책임을 인정하는 데서부터 시작됩니다. 우리가 하나님으로부터 돌아서있음을 보게 될 때에만 우리가 다시 돌아설 수 있기 때문입니다. 죄는 우리의 유일한 희망이자 진정한 회개의 가능성으로 우리를 깨우는 첫 번째 경고음입니다."11)

과연 구원은 가능 할까

앞장에서 본 것처럼 인간은 하나님께 불순종하므로 죄의 종이 되었고, 그 결과로 죽음의 지배를 받게 된 것을 살펴보았습니다. 그렇다면 인간의 구원은 어디서 찾을 수 있을까요? 인간에게 구원이 가능할까요? 이제 온 인류는 죄와 죽음의 인과관계 속에 붙잡혀 있습니다. 신약성경에는 바울이 쓴 로마로 보낸 편지가 있습니다. 짧은 편지이지만 세계역사에 이 보다 더 강력한 영향을 준 책은 없습니다. 로마서는 예수님의 복음(Good News)에 대한 가장 완전하고, 가장 명백한, 그리고 가장 웅대한 책입니다. 앞에서 보신 것 같이 예수님의 복음에 대한 올바른 이해는 죄 (hamartia)와 율법에 대한 깊은 생각 없이는 불가능합니다. 죄는 바로 죽음의 원인이라고 성경은 선언합니다. 그런 점에서 하나님의 구원은 죄로부터의, 죽음으로부터의 구원입니다.

죄는 신약에서 가장 많이 사용되는 가장 중요한 용어중 하나입니다. 헬라어로 죄는 '과녁을 못 맞히는 것과 같은 실수'를 의미합니다. 로마서에서 죄의 개념은 죄와 율법과의 관계로 설명되면서 더욱 심화됩니다. 사실 죄와 율법간의 관계를 잘 이해하기에는 다소 어려운 면이 있지만, 죄는 율법과의 관계 속에서 이해할 때에 비로소 그 심각성을 더 깊이 알 수 있습니다.

성경은 죄를 객관적인 어떤 상태를 직접적으로 말하기보다는 인격화하여 표현하는 경우가 많습니다. 특히 로마서에서 죄는 인격화됩니다.[12] "인격화된 죄란 인간을 지배하는 하나의 세력으로서의 죄"를 말합니다. 인격화된 죄란 단순히 "죄의 세력"(power of sin)이 아니라 인격화된 행위를 말합니다. 바울이 많은 죄를 인격화한 것은 사람들이 자기 행동에 책임이 있다는 것을 강조하기 위한 것입니다. 어떤 때는 죄의 세력보다는 죄의 행동을 묘사하기도 하고, 능동적인 세력을 말하기도 합니다.(로마서 7:7-25)

이 장에서는 우리를 예속시키는 세력으로서의 죄, 죄와 율법,

그리고 죄로부터의 해방을 중심으로 살펴보려 합니다.[13]

죄의 세력 vs 하나님의 능력

옥스퍼드 영어사전은 죄를 '하나님의 법을 어기는 것과 하나님께 죄를 짓는 것, 어떤 종교적인 원칙이나 도덕적인 원칙을 위반하는 것'으로 정의하고 있습니다. 이 정의에 의하면 죄는 어떤 사람이 잘못된 일을 하면 그 때 비로소 죄를 지었다고 말합니다. 곧 인간은 주체이고 죄는 객체입니다. 인간이 잘못을 저지르지 않으면 죄는 존재하지 않는다는 것입니다. 이것이 죄에 대한 일반적인 이해이기도 합니다. 이 세상에는 수많은 죽음의 그림자가 드리워져 있고 결국 죽게 됩니다. 사람들은 이 엄청난 사실이 궁극적으로 어디에서부터 출발했는지를 알려고 노력해 왔습니다. 신화도, 시인들도, 철학자들도 이를 알려고 노력해 왔습니다. 그리고 자신들이 나름대로 추측한 것을 묘사하기도 했습니다.

그러나 성경은 죄를 아주 다르게 묘사합니다. 성경이 말하는 죄에 대한 이해는 대단히 독특합니다. 위에서 말한 바와 같이 죄를 대부분 '인격화된 세력'으로 말합니다. 죄는 한 사람, 아담으로 말미암아 세상에 들어 왔습니다.(롬 5:12) 죄는 사망 안에서 또는 사망을 수단으로 하여, 왕으로서 인간을 지배합니다.(롬 5:21) 죄는 사람의 죽을 몸에서 왕노릇하고(6:12), 또 인간은 죄

에게 종노릇하기도 합니다.(롬 6:6)

인간은 죄에게 자기 지체를 불의의 병기로 바치기도 하며 또 자기 주인에게 충성한 대가로 삯(사망)을 받는 종이기도 합니다.(6:23) 죄는 창세기 3장의 뱀처럼 기회를 잡아 계명을 통하여 인간 안에서 각종 탐심을 일으키기도 합니다.(7:8) 죄는 계명이 없을 때에는 죽은 것처럼 무력했으나, 계명이 주어지자 살아났습니다.(롬7:8-9)

> 그러나 죄가 기회를 타서 계명으로 말미암아 내 속에서 각양 탐심을 이루었나니 이는 율법이 없으면 죄가 죽은 것임이니라. 전에 율법을 깨닫지 못할 때에는 내가 살았더니 계명이 이르매 죄는 살아나고 나는 죽었도다. (롬7:8-9)

죄는 율법을 수단으로 하여 인간을 속이고, 인간을 죽였습니다.(7:11) 인간은 전쟁에 패배한 포로같이 노예로 팔려 죄에게 종살이 하고 있습니다.(7:14) 죄의 노예인 인간은 율법의 선한 것을 알고 행하기 원하지만 그것을 행할 능력은 없습니다. 죄는 인간 안에 집을 짓고 살고 있습니다.(7:17,20) 인간은 자기 행동을 주관하지 못하고, 우리 안에 살고 있는 죄에 의해 철저히 지배를 받고 있습니다. 인간 행동의 주체는 인간이 아니고 죄입니다. 철학자들은 인간이 주체냐, 아니냐를 두고 오랜 시간 동안 논쟁 해 왔습니다. 그러나 인간은 주체(主體)가 아닙니다. 인간은 자기 결정 능력이 전혀 없는 죄의 노예라는 사실을 알아야 합니다.

> 나의 행하는 것을 내가 알지 못하노니 곧 원하는 이것은 행하지 아니하고 도리어 미워하는 그것을 함이라. 만일 내가 원치 아니하는 그것을 하면 내가 이로 율법의 선한 것을 시인하노니 이제는 이것을 행하는 자가 내가 아니요 내 속에 거하는 죄니라. 내 속 곧 내 육신에 선한 것이 거하지 아니하는 줄을 아노니 원함은 내게 있으나 선을 행하는 것은 없노라 내가 원하는 바 선은 하지 아니하고 도리어 원치 아니하는 바 악은 행하는도다 (롬7:15-19)

이 모습이 바로 나의 모습이 아닐까요? 이처럼 죄는 우리를 예속시키는 세력입니다. 죄는 사람이 자기의지와 상관없이 어떤 태도나 행동을 취하도록 만드는 하나의 세력입니다. 죄는 계속해서 목표를 빗나가게 하는 세력입니다. 구체적으로 말하면, 죄는 인간으로 하여금 자신의 피조성이 갖는 한계를 잊게 만듭니다. 인간을 속여 피조물의 신분을 떠나 자기를 하나님과 같다고 생각하게 만듭니다. 그리하여 창조주 하나님을 부정하고 공격하게 만드는 악한 세력입니다. 또한 죄는 선한 의지를 가진 무수한 개인들로 하여금 사회 속에서 선을 추구하다가 쉽게 절망에 빠져 버리게 만드는 그런 세력입니다. 한마디로 죄는 노예를 부리는 악한 주인처럼 개인이나 국가도 도저히 어쩔 수 없도록, 인간의 다양한 삶을 실제적으로 통제하고 억압하고 사람들을 멸망과 죽음으로 이끌어가는 영적 세력입니다. 이것은 모든 피조물까지 연결됩니다.(롬 8:22-23) 이와 관련하여 바울은 복음을 "죄의 세력"과 대조적으로 "하나님의 능력"[14]이라고 선언한 것은 의미심장합니다.

> 복음은 모든 자에게 구원을 주시는 하나님의 능력이다.(롬 1:16)

죄는 어디서 왔습니까? 바울은 이 문제에 대해 침묵을 지키고 있습니다. 그런데 우리가 알아야 할 것은 바울이 말하는 죄는 어떤 영적 세력들과 관련이 있다는 것입니다. 하늘이나 땅에서 '신이라 칭하는 자들'(고전8:5), 불신자들의 마음을 혼미케 하는 '이 세상 신'(고후4:4), 불신자들을 노예로 삼아 지배하는 '본질상 하나님이 아닌 자들'(갈4:8), '공중의 권세 잡은 자 곧 지금 불순종의 아들들 가운데서 역사하는 영'(엡2:2), '하늘에 있는 악한 영들'(엡6:12), '흑암의 권세'(골1:13) 이것들을 '권세'로 표현하고 있습니다. 바울이 볼 때 죄는 이런 영적 세력들과 같은 것입니다. 흥미로운 것은 바울이 죄를 사탄과 동일시하고 있다는 사실입니다.

창세기 3:13에서 여자가 변명합니다: "뱀이 나를 꾀므로 내가 먹었나이다. 바울은 이 말을 생각하며 '뱀' 즉 사탄 대신에 '죄'를 사용하여 이렇게 말합니다. 뱀이 그 간계로 하와를 미혹케 한 것 같이, "죄가…나를 속이고 그것으로 나를 죽였는지라"(롬 7:11) 바울에 의하면 그리스도 밖에 있는 모든 인류는 죄의 지배 아래에 있습니다. 바울은 로마서 1:18–2:29에서 이방인과 유대인의 죄들을 신랄하게 지적한 다음 3장 9절에서 모든 사람은 "유대인이나 헬라인이나 다 죄 아래 있다"고 선언합니다. 이것을 영어성경은 '죄의 세력 아래'(under the power of Sin)로 번역하고 있습니다. 즉, 죄란 "권세를 통하여 인간의 전통, 도덕, 종교, 정의, 국가, 정치, 민족주의, 자본주의, 돈, 이 세상 통치자들, 거짓, 이데올로기, 기술, 각종 제도와 구조 등을 통하여 지배하는 것입니다."[15] 이와같이 우리가 살아가는 삶의 현장에서 죄의 세력이 다양한 모습으로 나타난다는 것을 알 수 있습니다.

죄의 다양한 모습들

그러면 죄의 세력 아래에 있는 인간의 삶의 구체적인 모습은 무엇일까요? 첫째 모습은 우상숭배입니다. 죄는 인간을 속여 자신이 피조물이라는 사실을 잊게 하고, 인간으로 하여금 하나님께서 창조주와 왕이심을 부정하게 만드는 세력입니다. 따라서 죄의 지배 아래에 있는 인간은 무엇보다도 먼저 하나님을 예배하기를 거절하고(롬1:21), "썩지 않는 하나님의 영광을 썩을 사람이나 새나 네 발 달린 짐승이나 기어 다니는 동물의 형상으로 바꾸어 놓습니다"(롬 1:23, 새번역) 예를 들어 돼지, 산, 바다, 뱀, 태양, 돈, 돌, 바람, 각종 동물, 돈, 심지어 사람, 각종 이데올로기 등과 같은 피조물들을 신적인 존재로 여기며 의지합니다. 인간은 본래 자유로운 존재로 창조되었지만 타락으로 말미암아, 의존적인 존재가 되었기에 누구, 또는 무엇인가를 섬기며 살아갈 수밖에 없습니다. 그래서 죄는 인간으로 하여금 하나님 대신 스스로 만들어 낸 신들로 대체하게 합니다. 그러니까 창조주 하나님을 섬기는 대신 인간이 쉽게 만들고 쉽게 통제할 수 있는 우상을 섬기게 하는 것입니다. 인간이 우상종교를 자기의 통제 아래에 놓고, 그것을 자기 목적을 성취하기 위하여 이용할 때, 인간은 하나님과 같이 되고자 하는 태고의 욕망(창3:5)을 이루게 됩니다. 이런 우상숭배는 하나님을 모르는 이방인의 전형적인 죄입니다. 바울은 로마서 1:18-32에서 일차적으로 이방인을 염두에 두고 있습니다. 그러나 유대인이라고 해서 우상숭배의 죄에서 자유로운 것은 결코 아닙니다.

> 저희가 호렙에서 송아지를 만들고 부어 만든 우상을 숭배하여 자기 영광을 풀 먹는 소의 형상으로 바꾸었도다 (시편 106:20-21)
> 어느 나라가 그 신을 신 아닌 것과 바꾼 일이 있느냐 그러나 나의

백성은 그 영광을 무익한 것과 바꾸었도다 너 하늘아 이 일을 인하여 놀랄찌어다 심히 떨찌어다 두려워할찌어다 여호와의 말씀이니라 (예레미아 2:11)

사실 하나님의 백성인 이스라엘도 광야에서 금송아지를 만들어 섬겼고(출32:1-6), 그 후에도 계속하여 피조물의 형상들을 섬겼습니다.(민25:1-3; 신32:15-18) 이처럼 하나님의 은총을 받고도 인간의 변덕스러운 모습은 어디든지 종횡무진 합니다. 유대인은 우상숭배에 대하여 이방인을 비판하지만, 그들의 역사를 보면 그들 자신도 동일하게 어리석은 일을 해 왔다는 것을 알 수 있습니다. 그런데도 유대인은 할례를 일종의 부적(符籍)으로 간주하여 하나님의 심판을 피할 수 있을 것이라고 생각합니다. 그러나 바울은 그런 생각을 단호히 배척합니다.(롬2:25-29) 하나님의 주권을 부정하고 그분의 인도하심 아래에 있기를 거부하는 우상숭배자들은 누구든지 오직 하나님의 진노를 받을 수밖에 없습니다.

둘째 모습은 육신의 정욕에 빠지는 것입니다. 로마서 1:24에서 바울은 하나님을 떠난 인간들이 '마음의 정욕'에 사로잡히게 되었다고 말합니다. 정욕은 중립적인 의미로나 좋은 의미로 '원함' 또는 '열망'을 뜻하기도 하지만, 대부분의 경우 나쁜 의미로 사용되어 악한 욕망, 곧 '정욕', '탐심' 또는 '탐욕'을 뜻합니다. 정욕의 특징은 '성령을 거스르고'(갈5:17), '유혹하고'(엡4:22), '악하고'(골3:5), '해로운'(딤전6:9) 것입니다. 정욕 때문에 인간은 하나님의 명령에 불순종하게 되고 자기만족을 위해 정열적으로 자신의 욕망을 추구하게 됩니다. 우상숭배처럼 정욕도인간 안에 거하여 인간을 지배하는 죄의 외적인 표현으로 나타납니다. 다시 말해, 죄는 '몸의 정욕'을 유발시키고(롬6:12), '탐욕'을 자극하여 그것을 불러 일으키는 것입니다.(롬7:7-8) 육체의 욕망의 노예가 되는 것은 하나님께로부터 떨어져 나간 삶의비참한 결과입니다. 라인홀드 니버(Reinhold Niebuhr)는 그의 유명한 책『인간의 본성과 운명』에서 욕망, 교만을 첫째는 권력욕과 명예욕, 둘째는 지적 교만, 셋째는 도덕적 교만 이 세가지로나누고 있습니다.[16]

마지막으로, 셋째 모습은 모든 인간관계를 파괴하는 사회악들입니다. 하나님을 마음에 두기를 싫어하는 인간은 합당치 못한일을 하게 됩니다. 피조물의 마음은 창조주 하나님의 빛 아래에서만 적절히 기능할 수 있지만 인간이 빛 되신 하나님을 떠나 암흑 속에 빠지면, 그의 마음은 사리를 분별할 수 없게 되어 부적절한 판단과 부당한 행동을 하게 됩니다. 성경은 하나님께로부터독립을 선언한 인간의 모습을 다음과 같이 적나라하게 보여줍니다.

> 불의, 추악, 탐욕, 악의, 시기, 살인, 분쟁, 사기, 악독, 수군수
> 군함, 비방, 하나님을 미워함, 능욕, 교만, 자랑, 악을 도모함,
> 부모를 거역함, 우매, 배약, 무정함, 무자비함.(롬 1:29-31)

이 목록은 길고 내용은 다양합니다. 여기에는 어떤 질서나 구
조도 없습니다. 그렇지만 제임스 던(James Dunn)이 말하는 것 같
이, 두 가지 특징만은 주목할 가치가 있습니다. 하나는 목록에
포함된 악행들이 대부분 인간관계를 붕괴시키는 사회적인 성격
을 가진 것들이요 또 다른 하나는 수많은 악행들이 개인적인 죄
(예, 탐욕, 시기, 수군수군함, 비방, 자랑, 무정함)라는 것입니
다. 인간은 하나님 없이 살면 지극히 이기적으로 되어 무차별적
으로 이웃을 공격하고 서로 용서하지 못하고 원수가 됩니다. 악
질적인 행동뿐만 아니라 사소한 악행까지도, 공동체 안의 신뢰
를 깨뜨리고 불화의 씨앗으로 작용하게 됩니다. 실제로 죄는 인
간의 삶을 지배하면서 인간 사회를 불신과 혼란과 상처와 고통이
많은 세상으로 만드는 악한 세력입니다. 빈부격차와 전쟁은 그
중 대표적인 것입니다. 전쟁이 얼마나 살벌하고 참혹한 일입니
까? 우리는 앞장에서 구체적인 사례를 보았습니다. 인간 사회에
서 일어나는 온갖 종류의 부자유, 빈부격차, 폭력, 자기주장, 탐

욕 그리고 전쟁 등은 모두 인간의 죄로 말미암아 일어나는 것입니다."

이와같이 죄 아래에 있는 삶의 모습은 우상숭배와 정욕의 노예가 되는 것, 그리고 인간관계를 붕괴시키는 여러 악행들입니다. 이런 모습은 갈라디아서 5:19-21에 열거된 육체의 일들과 흡사합니다. 죄가 만들어 내는 내용을 살펴보면, 관능적인 죄(음행, 더러움, 호색), 종교적인 죄(우상숭배, 마술), 인간관계나 공동체를 파괴하는 사회 악(원수를 맺는 것, 분쟁, 시기, 분냄, 당 짓는 것, 분리함, 당을 만들기, 투기), 그리고 술과 관련된 죄(술취함, 방탕함)로 나눌 수 있습니다. 1장에서 본대로 죄는 인간의 구체적인 삶 속에서 실질적으로 경험되는 하나의 구체적인 세력입니다. 죄는 우리와 떨어져 있는 추상적인 것이 아닙니다. 죄는 이론이 아니라 우리가 날마다 경험하는 실재입니다. 이 죄의 세력 앞에 모든 인류는 무력하게 굴종할 수밖에 없습니다. 하나님께서는 유대인과 이방인을 구별하지 않고 모든 사람에게 자기의 행위대로 보응하십니다.(롬 2:1-11) 죄는 마치 우리 몸에 있는 때처럼 씻을 수 있는 것이 아닙니다.

죄와 율법

성경에서 죄에 대해 말할 때 앞에서 보는 것과 같이 죄와 율법이 밀접하게 관련되어 있는 것을 볼 수 있습니다. 죄는 율법이 없으면 죄가 아니기 때문입니다. 우리도 시민으로 살아갈 때 "어떤 형벌을 범죄로 처리 하려면 범죄와 형벌이 법으로 정해져 있어야 합니다. 이것을 죄형법정주의"라고 말하죠. 법이 없으면 무엇이 잘못인지를 알 수 없습니다. 그러기에 우리는 죄와 율법의 관계를 잘 이해해야 합니다. 그 중에서 이러한 죄와 율법(law)의 관계를 몇 가지 성경 구절들로 보면 다음과 같습니다.

> 율법으로는 죄를 깨달음이라(로마서3:20)
> 죄가 율법 있기 전에도 세상에 있었으나 율법이 없을 때에는 죄를 죄로 여기지 아니하였느니라(롬5:13)
> 율법이 죄냐 그럴 수 없느니라. 율법으로 말미암지 않고는 내가 죄를 알지 못하였으니(롬7:7)
> 그러나 죄가 기회를 타서 계명으로 말미암아 내 속에서 각양 탐심을 이루었나니 이는 법이 없으면 죄가 죽은 것임이니라(롬7:8)
> 전에 법이 없었을 때에는 내가 살았더니 계명이 이르매 죄는 살아나고(롬7:9)

율법과 관련된 죄에 대한 말씀들을 서로 연결하여 살펴보면, 하나의 의미심장한 이야기가 그 속에 들어 있음을 발견할 수 있습니다. "선악을 알게 하는 나무의 실과는 먹지 말라"(창2:17)는 계명이 주어지기 전에, 죄 즉, 뱀은 죽은 것처럼 무력하였습니다.(롬7:8) "법이 없으면 죄가 죽은 것이다"(로마서 7:8)는 말 속에 이러한 뜻이 함축되어 있습니다.

> 그런즉 우리가 무슨 말 하리요 율법이 죄냐 그럴 수 없느니라 율법으로 말미암지 않고는 내가 죄를 알지 못하였으니 곧 율법이 탐내지 말라 하지 아니하였더면 내가 탐심을 알지 못하였으리라. 그러나 죄가 기회를 타서 계명으로 말미암아 내 속에서 각양 탐심을 이루었나니 이는 법이 없으면 죄가 죽은 것임이니라 전에 법을 깨닫지 못할 때에는 내가 살았더니 계명이 이르매 죄는 살아나고 나는 죽었도다. 생명에 이르게 할 그 계명이 내게 대하여 도리어 사망에 이르게 하는 것이 되었도다. 죄가 기회를 타서 계명으로 말미암아 나를 속이고 그것으로 나를 죽였는지라. 이로 보건대 율법도 거룩하며 계명도 거룩하며 의로우며 선하도다 그런즉 선한 것이 내게 사망이 되었느뇨 그럴 수 없느니라. 오직 죄가 죄로 드러나기 위하여 선한 그것으로 말미암아 나를 죽게 만들었으니 이는 계명으로 말미암아 죄로 심히 죄 되게 하려 함이니라(로마서 7:7-13)

죽음

로마서 7:7-13의 일차적인 배경은 분명히 창세기 2-3장이라는 점입니다. 따라서 로마서에서 동의어로 사용되고 있는 율법과 계명 안에는 선악과 계명이 암시적으로 포함되어 있습니다. 7장 8절의 "죄가 죽은 것이다"와 7장 9절에서 "죄가 살아났다" 사이의 대조는 죄가 이전에 무력한 상태로 있다가 계명(율법)이 주어지자 활력을 찾은 것을 의미합니다. 창세기를 보면, 뱀은 선악과 계명이 오기 전에 인간을 공격할 기회를 포착하지 못하고 죽은 것처럼 가만히 있었습니다."[17] '법이 없을 때', 그리하여 죄 즉, 뱀이 무력한 상태에 있을 때, 인간, 즉, 나는 '살아 있었습니다.(롬7:9).' 이것은 인간이 낙원에서 죄 없이 자유롭게 살았던 삶을 묘사한 것입니다. 그러나 "계명이 이르매 죄는 살아났다"(롬7:9b) 이 표현도 창세기 2-3장에 대한 암시인 것이 분명합니다. 로마서 5:12-14에 의하면 죄는 모세 이전에도 왕성하게 활동하여 사람들을 죽음으로 몰고 갔기 때문입니다. 모세에 와서야 처음으로 율법이 선포되었습니다.

> 이러므로 한 사람으로 말미암아 죄가 세상에 들어오고 죄로 말미암아 사망이 왔나니 이와 같이 모든 사람이 죄를 지었으므로 사망이 모든 사람에게 이르렀느니라. 죄가 율법 있기 전에도 세상에 있었으나 율법이 없을 때에는 죄를 죄로 여기지 아니하느니라. 그러나 아담으로부터 모세까지 아담의 범죄와 같은 죄를 짓지 아니한 자들 위에도 사망이 왕 노릇 하였나니 아담은 오실 자의 표상이라 (로마서 5:12-14)

이 본문이 말하려고 하는 것은 다음과 같습니다.[18)

첫째로, 사망이란 창조된 상태의 자연적인 귀결이 아니라는 것입니다. 곧 죄의 결과라는 것입니다. 사망이 "죄로 말미암아" 세상에 들어왔습니다.(5:12) "죄가 사망 안에서 왕 노릇하였습니다"(롬5:21) 이와같이 바울은 죄와 사망의 인과관계를 매우 강조합니다.

둘째로, "사람의 죽음에 대한 책임이 그 당사자인 각 사람에게 있는가?"하는 문제입니다. 한편에서 보면, 아담의 모든 후손들의 사망은 아담의 범죄의 결과이지만 그러나 다른 한편에서 보면, 모든 사람이 죄를 짓기 때문에 모든 사람이 죽는 것입니다.(롬5:12) 사망이 아담 이후 계속해서 왕 노릇해 왔습니다. 달리 말하자면, 아담의 불순종으로 말미암아 "많은 사람이 죄인이 되었습니다"(롬5:19) 바울은 생명에서 죽음으로 끝나는 것은 아담에서부터 현재까지 쭉 이어지고 있다고 말합니다.

셋째로, 바울은 죄라는 매우 복잡한 개념을 다루고 있습니다. 그는 '죄'(하마르티아)를 하나의 인격화된 세력으로 소개합니다: "죄가 세상에 들어오고"(롬5:12), "죄가 사망 안에서 왕 노릇한 것"(롬5:21) 결국 "죄"가 뱀/사탄의 역할을 하는 셈입니다. 물론 뱀보다는 죄가 훨씬 더 의미심장한 존재로 나타나지만 말입니다. "죄"는 어떤 속성이나 상태와 같이 '여겨지는' 대상이며(롬5:13), 마치 열매와도 같이(빌4:17) 더 증가하고 자라나기도 합니다.(롬5:20).

넷째로, 바울은 아담의 죄를 세 가지 용어들로 표현합니다. "넘어서는 것, 허물, 범죄" 또 "그릇된 걸음, 범죄" 그리고 "순종 하지 아니함"(롬5:19) 이것들은 죄의 의미를 좀 더 분명히 보여 줍니다. "죄"는 율법이 있을 때에만 비로소 죄로 "여겨진다"(롬5:13)는 것이고 "범죄"는 알고 있는 율법을 의식적으로 깨뜨리는 것을 의미합니다. 따라서 아담의 죄는 창조주의 명확한 명령을 고의적으로 순종하지 않은 범죄라고 할 수 있습니다.(창2:17; 3:1-6) 죄책은 이러한 "범죄", 즉 하나님의 명령을 고의적으로 어긴 것에 대한 책임을 의미합니다. 죄책감이 없다고 죄가 없는 것은 아닙니다. 하나님께서는 인간이 죄를 지을 때 죄책감을 느끼도록 만드셨습니다. 인간에게 죄책감이 없다면 화인 맞은 양심입니다.

창세기에 나타난 것과 같이 하나님께서 에덴동산을 창설하여 인간을 거기 두신 다음(창2:8) 동산 각종 나무의 실과는 마음대로 먹을 수 있어도 선악과 열매는 먹지 말라는 계명(율법)을 주셨을 때(창2:16-17), 죄(뱀)는 그 선악과계명을 가지고 인간을 넘어뜨리기 위하여 활동을 시작하게 됩니다.(창3:1이하) "갑자기 그 어디로부터 악한 세력이 창조세계에 침입해 들어온 것이 아니라 이 것은 창조세계에 숨어 있다가 인간을 통해 그 모습을 나타난 것입니다."[19]

로마서 7장 8절에서는 죄의 행동을 이렇게 묘사하고 있습니다. "죄가 기회를 타서 계명으로 말미암아 내 속에서 각양 탐심을 이루었습니다." 이 표현은 아담의 타락 이야기에 나오는 뱀의 간사한 행동을 암시합니다. 죄(뱀)는 아담이 타락하기 전에 이미 동산 안에 숨어 들어와 잠복해 있었지만, 선악과계명이 주어지기 전에는 인간을 공격할 기회를 전혀 갖지 못하고 있었습니다. 그러나 그 계명이 오자, 죄(뱀)는 기회를 타서, 선악과를 먹으면 "하나님과 같이 될 것이다"(창3:5)고 유혹하여, 인간 안에 불타는 욕망을 갖게 만들었습니다.

　　여자가 그 나무를 본즉 먹음직도 하고 보암직도 하고 지혜롭게 할 만큼 탐스럽기도 한 나무인지라(창3:6)

　　인간은 탐욕에 사로잡혀 선악과를 따먹고 말았습니다. "죄가 기회를 타서 계명으로 말미암아 나를 속이고 그것으로 나를 죽였습니다."(롬7:11) 여기서 "죄가 나를 속였다"라는 표현은 창세기 3:13에 기록된 여자의 불평을 생각나게 합니다. "뱀이 나를 꾀므로 내가 먹었나이다." 뱀은 선악과계명을 가지고 인간에게 접근하여, 선악과를 먹어도 결코 죽지 아니할 뿐만 아니라, 그것을 먹으면 하나님만이 가질 수 있는 특별한 지위와 권리를 얻게 될 것이라고 속였습니다. 그 속임에 빠져 인간은 계명을 어기게 되었고, 결과적으로 "네가 먹는 날에는 정녕 죽으리라"(창2:17)는 하나님의 말씀대로 죽음에 이르게 됩니다. 이것이 바로 죄가 인간에게 죽음을 가져오는 이유입니다. 우리는 이 점을 분명하게 알아야 합니다.

계명은 본래 '생명에 이르게' 하기 위해 주어진 것입니다.(롬7:10) 이 말은 계명을 완벽하게 지키면 아직 얻지 못한 생명을 새롭게 얻게 된다는 말이 아닙니다. 계명은 원래부터 생명을 부여할 능력이 없습니다.(갈3:21) 창세기 1-2장을 보면, 아담은 처음부터 하나님께서 부여하신 모든 복을 충만하게 누리고 있었습니다. 심지어 생명나무의 열매도 이미 선물로 받아서 언제든지 따먹고 영생에 이를 수 있었습니다.(창2:9, 16) 나중에 주어진 선악과계명조차도 선한 의도로 주어진 것입니다. 당시 아담이 가장 빠지기 쉬운 유혹은 교만 때문이었습니다. 아담은 모든 피조물을 다스리는 위치에 있었기 때문에(창1:26-28), 얼마든지 하나님을 부인하고 하나님처럼 행동할 수 있었습니다. 아담은 여러 종류의 동식물들에게 이름을 지어 주었습니다. 이 말은 아담이 모든 것을 지배하고 있었다는 말입니다. 그러나 선악과를 먹지 말라는 계명은 아담의 자유를 제한하려는 것이 아니라, 오히려 아담으로 하여금 하나님의 주권 아래에 있다는 것을 의식하게 해주고, 또한 그가 향유하는 모든 복과 특권은 하나님께로부터 온 것임을 생각하게 하려는 것이었습니다. 이런 의미에서 선악과계명은 이미 선물로 받은 생명을 보호하고 그것을 풍성하게 누리도록 주어진 것이라고 할 수 있습니다. 이미 에덴동산은 수많은 열매로 풍성했고 생명으로 충만했습니다. 그런데 아이러니하게도 죄, 즉 뱀이 이 생명을 위한 계명을 가지고 인간에게 죽음을 가져다 주었습니다.(롬7:10)

분명히 율법 그 자체는 '거룩하며 의로우며 선한'(롬7:12) 것이라고 성경은 말합니다. 그런데 계명은 죄(뱀)에게 이용을 당하였습니다. 죄(뱀)는 선한 계명을 악용하여 인간을 속이고 죽였던 것입니다. 그러나 다른 한 편에서 볼 때 계명은 죄(뱀)에게 이용을 당함으로서 죄(뱀)의 정체를 드러냈습니다.

죄가 죄로 드러나기 위하여 죄가 심히 죄 되게 하려 함이라

(로마서7:13)

더 나아가서 계명은 죄(뱀)가 극도로 악하다는 것을 드러냈습니다. 계명은 하나님의 손에서 완전히 벗어나 죄에게 이용만 당하는 도구가 아닙니다. 죄는 계명을 통하여 인간을 죽게 만들어 결국엔 자기가 죽이는 권세임을, 그리고 인간에게 죽음을 주는 권세임을 명백히 드러냈습니다. 죄는 하나님의 선한 의도를 극단적으로 반대하고 왜곡하여, 그 의도와는 정반대되는 결과를 가져오는 마귀적 세력입니다. 이러한 죄의 본질을 선명하게 드

러내주는 것이 바로 율법입니다. 우리는 이런 관점에서 "율법으로는 죄를 깨달음이니라"와 "율법으로 말미암지 않고는 내가 죄를 알지 못하였으니"라는 말씀도 이해할 수 있습니다.

앞에서 언급한 것처럼 로마서 7장 7-13절의 이야기의 일차적인 배경은 창세기에서 나오는 아담의 타락이야기입니다. 그런데 아담의 실패이야기는 이스라엘의 역사에서 반복해서 나타납니다. 모세의 율법이 이스라엘에게 주어졌을 때 이스라엘은 아담의 실패를 반복하고 또 반복했습니다. 그런 면에서 우리 또한 날마다 일상생활의 한복판에 선악과나무 앞에 서 있는 셈입니다. 로마서 5장 13-14절에 의하면, 아담으로부터 모세까지의 때에도 죄가 있었지만, 율법이 없었기 때문에 아담의 범법과 같은 죄를 짓는 일이 없었습니다. 그래서 "율법이 없는 곳에는 범법이 없다"고 말합니다. 달리 말하면, 이 말은 율법이 주어지자 율법을 어기는 범법, 곧 선악과계명을 어긴 아담의 죄와 같은 범법이 생겨났음을 의미합니다. 그러니까 죄는 뱀처럼 율법으로 기회를 타서, 율법 백성을 속이고 탐심을 일으키고 율법을 어기게 만든 것입니다. 바로 이런 이유 때문에 죄와 뱀이 동일시되고, 율법과 계명이 서로 교환되어 사용되면서 아담의 타락이야기와 이스라엘의 실패이야기가 겹쳐서 나타나고 있는 것입니다.

율법은 결코 죄의 세력을 억제하고 약화시키고 극복하기 위해 주어진 것이 아닙니다. 율법은 오히려 범죄를 증가시키려고 끼여 들어왔습니다. 여기 범법은 범죄행위, 곧 하나님과의 관계를 단절시키는 모든 잘못된 행동을 가리킵니다. 범죄에는 범법뿐만 아니라 다른 모든 죄들도 포함됩니다. 모세 이전에도 죄는 세상을 지배하고 있었습니다. 노아의 홍수 이야기는 그것을 분명하게 말해 줍니다. 그런데 모세를 통하여 율법이 세상에 들어오자 상황은 더욱 악화되었습니다. 율법을 어기는 범법행위가 새롭게 발생함으로써 범죄는 더욱 증가하게 되었던 것입니다. 율법은 그리스도께서 오셔서 여신 새로운 세계 이전에 존재했던 아담의 옛 세계, 곧 죄의 지배 아래 있는 세계에 추가된 것입니다. 사실 율법은 본질적으로 선한 것입니다.

> 이로 보건대 율법도 거룩하며 계명도 거룩하며 의로우며 선하도다. (롬 7:12)

그러나 죄의 지배 아래서는 아무리 선한 것이라도 다 죄의 도구로 전락하여 범죄를 증가시키는데 이용됩니다. 그래서 결과적으로 율법은 죄의 지배를 지원하고 심화시켰습니다. 그럼에도 불구하고 율법은 하나님을 떠나 죄의 지배 아래 있는 인간에게 절대 절망적인 상황을 보여줌으로써 그리스도 안에서의 구원이 얼마나 절실하게 필요한가를 말해 줍니다.

오호라 나는 곤고한 사람이로다 이 사망의 몸에서 누가 나를 건
져내랴 (롬 7:24)

우리에게는 구원을 향한 절절한 마음이 있어야 합니다. 이런
점에서 볼 때 율법은 여전히 하나님의 손 안에서 하나님의 목적
에 합당하게 쓰임을 받고 있다고 할 수 있습니다.

죄로부터의 해방

위에서 본 것처럼 죄는 어떤 불의한 행동이나 추상적인 원리
보다는 구체적인 세력입니다. 이 마귀적인 세력은 불순종한 아
담으로 말미암아 세상에 들어와 모든 사람을 지배했습니다.(롬
5:12) 죄는 인간으로 하여금 하나님을 하나님으로서 인정하지 않
게 하고, 자기가 하나님의 자리를 차지하여 인간 위에 왕 노릇하
고 있습니다. 인간은 그러한 죄에게 종노릇하고 있습니다.(롬
6:13) 그리고 죄는 자기에게 충성하는 용병들에게 그 섬김의 대
가로 '죽음' 이라고 하는 삯을 지불합니다.(6:23)

그렇다면 인간은 어떻게 죄의 세력으로부터 해방될 수 있을까
요? 어떻게 죄로부터 구원 받을 수 있을까요? 그것은 오직 죽음
을 통해서만 가능합니다. 로마서 6장 7절은 "죽은 자가 죄에서 벗
어나 해방되었음이니라"고 말하고 있습니다. 다시 말하지만 죄
는 지배력을 가진 인격적인 세력인 것을 분명히 알아야 합니다.

그러기에 죽은 자는 이런 죄의 지배력에서부터 자유롭게 됩니다. 이는 노예가 죽으면 주인으로부터 해방되는 것과 마찬가지입니다. 죄는 죽은 자를 더 이상 노예로 붙들 수 없습니다. 실제로 죽음은 죄의 지배를 끝장 내 버립니다. 로마서에서는 왜 '회개'라는 단어가 거의 사용되고 있지 않을까요? 회개라는 단어는 로마서에서 단 한번 나타납니다.(2:4) 바울이 볼 때 회개는 죄의 세력에 대한 적절한 해결책이 아니기 때문입니다. 회개는 단지 우리가 믿음을 가진 후에 날마다 짓는 죄악된 행위와 관련되어 있을 뿐 입니다. 회개는 문제의 근원인 죄 자체를 해결할 수 없습니다. 물론 예수님을 믿는 사람은 날마다 회개해야 합니다. 그러나 바로 위에서 말한 것처럼 죄에 대한 유일한 해결책은 오직 죽음뿐입니다. 죽음을 통하여 옛 노예 시대는 사라집니다. 그리고 자유의 새 시대가 도래 합니다. 인간의 죄의 문제는 매우 중대하기 때문에 죽음 외에는 다른 해결책이 없습니다.

그래서 인간을 죄로부터 해방시키기 위하여, 하나님께서 준비하신 것은 하나님의 아들이신 예수님의 죽음입니다. 그래서 예수님의 십자가의 죽음이 중요한 것입니다. 죄는 아담의 불순종으로 말미암아 세상에 들어와서 아담과 그의 모든 후손들을 노예로 삼았습니다.(롬5:12) 그 결과 인간은 제각기 죄의 지배 아래서 실제적으로 죄를 범하게 되었고, 죽음이 모든 사람에게 이르게 되었습니다.

> 모든 사람이 죄를 지었으므로 사망이 모든 사람에게 이르렀느니
> 라(롬 5장 12절)

하나님께서는 아담이 가져온 가공할만한 죽음을 종식시키기 위하여 자기 아들을 내어 주셨습니다. 이 얼마나 놀라운 은총입니까!

죄와 관련하여 하나님의 구원사역을 가장 함축적으로 표현한 구절인 로마서 8장 3절에 의하면, 하나님께서는 먼저 "자기 아들을 죄 있는 육신의 모양으로 보내셨다"고 말합니다. 성경에서 육신(사르크스)은 다양한 의미를 갖지만, 여기서는 죄의 지배 아래에 있는 아담적 인간, 곧 그의 연약성과 정욕이 죄에게 이용되어 결국 죽음에 이르게 되고야 마는 인간을 말합니다. '죄 있는 육신'이라는 말은 죄의 악한 지배 아래에 있는 육체적 존재로서의 인간을 좀 더 분명하게 말해 줍니다. 빌립보서 2장 7절에 '사람의 모양으로 나타나셨으매'의 말은 하나님의 아들이 '죄 있는 육신'과 완전히 동일하게 되셨다는 말씀입니다.

> 그는 근본 하나님의 본체시나 하나님과 동등됨을 취할 것으로 여
> 기지 아니하시고 오히려 자기를 비어 종의 형체를 가져 사람들과

같이 되었고 사람의 모양으로 나타나셨으매 자기를 낮추시고 죽기까지 복종하셨으니 곧 십자가에 죽으심이라(빌2:6-8)

그러니까 하나님의 아들은 죄의 지배 아래서 죽을 수밖에 없는 연약한 인간과 똑같이 되신 것입니다. 그렇지만 예수님은 죄를 알지도 못한 인간, 곧 유일하게 죄가 없는 인간이었습니다. 이 점에서 예수님은 모든 인간과 구별됩니다. 예수님이 아담적 인간과 완전히 동일하게 된 것은 죄와 죽음의 권세를 파괴하시고 새로운 생명의 시대를 도래시키기 위한 것이었습니다. 이런 의미에서 성육신(成肉身)의 의미는 중요합니다.

로마서 8장 3절은 또한 하나님의 아들이 아담적 인류를 위하여 '속죄제물'이 되셨다고 말합니다. 로마서 3장 21-26절에 나오는 그 유명한 복음에 관한 핵심 진술에서도 바울의 희생제사신학이 나타납니다. 곧 그는 3장 25절에서 '이 예수를 하나님이 그의 피로써 믿음으로 인하여 화목제물로 세우셨으니'라고 말합니다. 우리말로 '화목제물'로 번역된 것은 속죄제물, 또는 속죄소 등으로도 해석할 수 있는데, 무엇으로 해석하든지 희생제사의 용어임에는 틀림이 없습니다.

더 나아가 로마서 8장 3절은 하나님께서 아들을 속죄 제물로 삼아 "육신 안에서 죄를 정죄하였다"고 말합니다. 여기 '육신'이란 인간의 육신이 아니라 예수님의 육신을 가리킵니다. '정죄하셨다'는 말은 이 문맥에서 선고와 집행의 의미가 결합된 것으로, 죄의 권세를 깨뜨리셨다는 의미로 이해하여야 합니다. 그렇다면 하나님께서는 속죄제물이 되신 아들의 육신 안에서 죄를 심판하셨다는 말입니다. 우리는 이 말을 어떻게 이해해야 할까요?

죄는 죄악된 육신 안에서 권세를 행사합니다.(롬7:5, 14) 여기서 육신은 탐욕을 소유한 '나'입니다.(롬7:7-8; 갈5:24) 죄는 육신 안에 거하면서 탐욕을 자극하여 그것을 불일 듯 일으킵니다. 탐욕에 사로잡힌 '나'는 하나님을 부정하고 자기만족, 자기주장, 자기이익만을 추구합니다. 죄는 육신에 그 본부를 두고 육신을 이용하여 하나님을 대적하게 합니다.(롬8:7-8) 여기서 '육신'은 인간이 죄를 범하기 쉬운 본성을 말합니다. 육신은 단순히 우리의 몸을 의미하지 않습니다. 육신은 죄가 활동하는 영역을 의미합니다. 이 육신은 그 욕망과 함께 죽어 없어져야 합니다. 몸은 구속의 대상이지만(롬8:23), 육신은 치료되거나 구속될 수 없습니다. 이런 육신이 죽을 때 비로소 죄의 세력도 붕괴됩니다. 사실 육신의 죽음에는 죄에 대한 다른 대응책이 없습니다. 그런 의미에서 회개는 죄를 효과적으로 처리할 수 없습니다. 앞에서 본 것처럼 예수님께서는 이 세상에 보냄을 받았을 때 '죄 있는 육신'과 완벽하게 하나가 되셨습니다. 그리고 그 육신은 속죄제물이 되었습니다. 레위기 4장을 보면 속죄제를 드릴 때 제물을 드리는 자는 흠 없는 짐승(수송아지나 수염소)을 제물로 선택하여 그 짐승의 머리에 안수하는데(레 4:4, 15), 이것은 제물을 드리는 자가 짐승과 자신을 동일시하는 것, 즉 짐승은 제물을 드리는 자를 대신(subsitute)한다는 것을 상징합니다. 그러니까 제물을 드리는 자의 죄는 짐승에게 전가되고 짐승의 죽음은 그의 죽음을 대신하는 것입니다. 구약의 희생제물처럼 예수님께서는 아담적 인류를 대표하여 속죄제물로서 죽으셨습니다. 예수님의 죽음은 죄의 권세 아래에 있던 인류의 죽음이요, 죄악된 육신의 멸망이었습니다. 죽음에는 죽음만이 유일한 대책입니다. 하나님의 아들 예수님의 죽음은 하나님께서 죄의 세력을 처리하시는 유일한 방법입니다. 예수님께서 십자가에 달려 죽으신 이유가 바로 여기에 있습니다. 로마서 6장 10절을 보면 그리스도의 죽음은 '죄에 대하여 단번에 죽은 죽음'이었습니다. 여기서 '단번에'라는 말은 반복이 불가능하다는 것을 말하는데, 이것은 예수님의 죽음이 아담의 불순종으로 시작된 죄의 지배를 파괴하는 결정적인 행동이었음을 의미합니다.

위에서 말하는 내용을 마음으로 믿는 자들은 누구든지 그리스도의 죽음에 동참하게 됩니다. 이제 그들은 더 이상 죄의 권세 아래에 있지 아니합니다. 그들은 죄의 세력으로부터 결정적인 단절을 경험하게 됩니다.(롬6:2) 죄의 지배는 예수님의 십자가에 죽으심으로 끝나는 것입니다. 그 결과 하나님과 원수 되었던 인간은 하나님과 연합하여 관계가 회복됩니다. 뿐만 아니라 나와 나의 관계, 나와 너의 관계, 나와 생태계의 관계가 모두 회복됩니다.

세례

그러면 믿는 자들은 구체적으로 어떻게 그리스도의 죽음에 참여할 수 있을까요? 로마서 6장 3절에 의하면, 믿는 자들은 '그리스도 예수와 합하여 세례를 받았다'고 말합니다. 세례는 물에 잠기는 기독교 입문의식입니다. 이 의식은 죽어서 장사되는 것을 상징합니다. 예수님께서는 우리의 대표로서 우리를 대신하여 죽으시고, 장사되셨습니다. 그런데 우리는 세례를 통하여 그리스도의 죽음과 장사에 동참하게 됩니다. 믿는 자들이 그리스도의 죽음에 참여한 것은 "우리 옛 사람이 예수와 함께 십자가에 못 박힌 것"(롬6:6)이라고 할 수 있습니다. 이것은 아담 안에서 죄와 죽음의 지배를 받았던 우리가 세례를 받을 때 예수님과 함께 죽는 것을 말합니다. 여기 '세례'와 관련하여 어떤 종류의 세례냐에 대한 신학자들 간에 논란이 있지만 물세례 의식이 분명합니다. 그 만큼 물세례는 초대교회에서 중요한 의식이었으며, 그들은 3-5년 간의 강도 높은 훈련을 받고 마지막 그리스도인으로 적절하다고 판정되면, 그때야 세례식과 함께 성만찬에 참여하는 극적인 의례를 갖게 됩니다. 오늘날의 세례는 초대교회와 비교하면 세례의 의미가 타락했다고 볼 수 있습니다. 이와같이 세례는 죄의 지배 아래서 종노릇하던 '죄의 몸'이 파괴된 것입니다.(롬6:6) 그리하여 믿는 자들은 죄의 세력으로부터 자유함을 얻게 되는 것입니다.(롬6:7)

하나님의 구원의 이야기는 그리스도의 죽음으로 끝나지 않습니다. 십자가에 죽으신 그리스도께서는 죽은 자들로부터 일으키심을 받았습니다. 그리스도의 죽음과 부활은 옛 시대에서 새로운 시대로의 전환을 가져온 획기적인 사건입니다. 곧 그리스도께서는 십자가로써 아담의 시대를 지배하던 죄와 죽음의 권세를 결정적으로 파괴하셨고, 부활로써 새 생명과 새 시대를 도래시키셨습니다. 물론 옛 시대는 완전히 끝나지 않았고 아직도 계속되고 있습니다. 그렇지만 그리스도의 죽음과 부활의 사건으로 인하여 새 시대는 옛 시대 속으로 침투되어 들어왔습니다.(갈1:41).

그리스도와 합하여 세례를 받은 자는 이제 옛 시대에서 새 시대로 이동하게 되었습니다. 믿는 자가 세례를 받을 때 물 속에 들어가 잠겼다가 나오는데, 나오는 것은 일종의 부활을 상징합니다. 바울은 로마서 6장 13절에서 믿는 자에게 이렇게 권면합니다. "오직 너희 자신을 죽은 자 가운데서 다시 산 자 같이 하나님께 드리며." 물론 믿는 자가 그리스도와 함께 몸이 부활하는 것은 미래에 있을 일입니다. 로마서 6장 5절의 "그의 부활을 본받아 연합(聯合)한 자가 되리라"와 6장 8절의 "그와 함께 살 것이다"에서 미래는 분명히 이 시대의 끝인 종말을 의미합니다. 그러나 믿는 자는 현재의 삶 속에서 이미 새 생명을 실제로 경험하며 살아야 합니다.(롬6:4) 그리스도를 죽은 자 가운데서 살리신 하나님의 부활의 능력은 성령입니다. 이 성령의 능력으로 믿는 자는 이제 하나님을 섬기며 살아가게 됩니다.(롬6:11, 13) 그러니까 이전에 죄의 종이었지만, 이제 하나님의 종이 되는 것입니다. 그렇지만 믿는 자의 새 생명의 경험은 완전한 경험은 아닙니다. 믿는 자는 여전히 죽을 몸을 가지고 있고, 몸의 부활을 기다리고 있기 때문입니다.(롬8:10-11, 23-25) 여기에 이미(already)와 아직(not yet) 사이의 종말론적인 긴장이 있습니다.

날마다 짓는 죄는 어떻게 설명할 수 있을까요?
문제는 아직도 남아 있습니다. 만약 죄와 죽음이 서로 맞물리는 것들이라면 그리고 만약 죄가 죽음의 전조(前兆)이며, 죽음의 치명적인 무기라면, 어떻게 죄의 사실상의 결과인 죽음이 그리스도인의 삶 속에서 극복되었다고 말할 수 있을까요? 그리고 만일 죄와 죽음이 둘 다 그리스도 안에서 패배되었다면, 우리가 날마다 짓는 죄는 어떻게 설명할 수 있을까요?[20]
이 긴장 속에서 믿는 자의 영적 싸움은 날마다 계속됩니다. 죄의 통치는 분명히 그리스도의 십자가를 통하여 붕괴되었습니다. 그러나 죄 자체가 아직 완전히 제거된 것은 아닙니다. 이 죄의 세력은 빼앗긴 지배권을 회복하기 위하여 믿는 자를 계속 공격하고 있습니다. 그러므로 믿는 자는 몸이 구속(救贖)되기 까지 날마다 죄와 싸워야 합니다. 달리 말하면 믿는 자는 죄가 자기의 죽을 몸에서 다시 왕 노릇하게 해서는 안 됩니다.(롬6:12) 죄의 지배를 받는 것은 실제적인 삶 속에서 죽을 몸의 '정욕'에 순종하는 것입니다. '정욕'은 앞에서 이미 살펴 본 바와 같이, 자기중심적인 악한 욕망을 의미합니다. 믿는 자에게 있어서 몸은 여전히 죽을 운명에 처해 있고, 그 몸의 욕망이 그의 삶을 지배하고 있습니다. 그렇지만 믿는 자는 죽을 몸이 욕망을 만족시키려는 억제할 수 없는 충동의 노예가 되어서는 안 됩니다. 믿는 자에게는 부활이신 그리스도의 능력, 곧 성령이 주어져 있기에 성령의 능력으로 '몸의 행실'을 날마다 죽여야 합니다.(롬8:13b) 여기서 '몸의 행실'은 인간의 이기적인 욕구와 야망을 충족시키는 행위를 가리킵니다. 몸은 대부분 중립적인 의미로 사용되는데, 때로는 부정적인 의미에서 육체와 동의어로 사용되기도 합니다. 이 행위는 '육신을 따라 사는' 삶의 다른 표현이고(롬8:13), 갈라디아서 5장 19절에서 언급된 '육체의 일'과 같은 것입니다. 성령으로 이기적인 욕망과 행위를 죽이는 일은 자기부인과 고난을 수반하는데, 이것은 자기를 비워 하나님께 죽기까지 순종하신 그리스도의 고난(롬8:17)과 죽음에 참여하는 것입니다. 그런 점에서 믿는 자의 몸은 세례 받은 후로 육체와 성령의 투쟁의 장소가 됩니다. 그리고 믿는 자는 때론 자신의 순종 때문에 그리스도의 고난과 비교될 수 있는 고난을 경험하기도 합니다. 그렇지만 그리스도와 함께 받는 고난은 미래에 있을 그리스도의 영광에 참여하는 길이라는 사실을 알아야 합니다. "우리가 그와 함께 영광을 받기 위하여 고난도 함께 받아야 될 것이니라.(롬8:17)" 비록 우리가 연약하여 죄 속에 빠질지라도, 일곱 번 넘어 질지라도 다시 일어서는 성도가 되어야 합니다.(잠26:26)

죄의 지배로부터 해방

이처럼 하나님의 구원은 단순하게 죄용서의 차원에서만 설명해서는 안됩니다. 그런데도 현재 한국교회는 그리스도 안에서의 하나님의 구원을 단순하게 죄용서의 차원으로만 이해하고 있습니다. 그래서 회개하라고 말합니다. 예수님의 죽음을 내 것으로 만든 후에 진정 죄 용서를 믿는다면 순종할 수 있고, 회개 할 수 있습니다. 이런 잘못되고 편협한 이해 때문에 교회 안에 만연되어 있는 실천 없는 방종주의, 즉 값싼 은혜라는 심각한 문제가 발생하는 것입니다. 그리고 이에 대하여서는 적절한 신학적인 해법을 찾지 못하고 이를 방치하고 있습니다. 그러나 우리가 반드시 알아야 할 것은 구원이란 근본적으로 죄의 지배로부터의 해방이며 자기를 부인하고 하나님의 주권적인 통치, 하나님나라를 이 땅에서 이루며 살아가는 것입니다.

그러므로 더 이상 방종주의가 설 자리는 없습니다. 이제는 믿음과 순종, 그리고 구원과 윤리는 서로 분리되지 않고 하나로 통합되어야 합니다. 자끄 엘륄이 『뒤틀려진 기독교』에서 말한대로 "기독교는 행위를 시금석으로 삼고 있습니다. 하나의 진리가 실천에 따라 평가되는 것이지 의도나 교리의 순수성 혹은 기원의 진실성에 따라 평가되는 것이 아닙니다. 신학자들은 집요하게 바울의 믿음과 신학과 야고보의 행위의 신학을 대립시키려 했으나 이것은 근본적으로 잘못된 것입니다. 성경을 아는 자들의 삶이나 증언을 벗어나서 인식할 수 없는 계시란 없습니다.[21] 만일 그리스도인의 삶이 진리와 일치하지 않는다면 진리란 더는 없습니다." 오늘의 한국교회가 살기 위해서는 로마서와 함께 야고보서를, 야고보서와 함께 로마서를 읽어야 합니다. 이것이 진정한 성경적 기독교입니다. 초대교회는 당연히 예수 그리스도에 믿음과 함께 입교자들에게 철저한 실천 교육을 철저한 훈련을 받았습니다.

"영혼 없는 몸이 죽은 것 같이 행함이 없는 믿음은 죽은 것이니라."(약2:26)

다음 장에서는 예수님의 죽음, 십자가의 의미에 대해서 좀 더 구체적으로 살펴보겠습니다.

3장. 예수님의 십자가 [22]

예수님은 로마제국을 통일한 옥타비아누스(Octavianus, BC. 63–AD.14)가 다스리는 시대에 살았습니다. '십자가' 라는 낱말은 세련되고 품위 있는 헬라 로마사회의 사전에는 없습니다. 십자가는 로마제국이 정치적으로 저항하는 사람들을 못 박아 죽이는 살벌한 형틀이었습니다. 몇 십만, 아니 몇 백만 명이 죽었는지 모릅니다. 예수님은 그 중 십자가에 죽은 한 사람에 불과합니다. 이 '추잡한' 단어가 이제 예수님의 죽음에 대한 바울의 해석의 정점이 됩니다. 그리고 이러한 추문(scandle)이 사람들을 걸려 넘어지게 할 뿐만 아니라 장애물이 되기도 했습니다.

> 유대인은 표적을 구하고 헬라인은 지혜를 찾으나 우리는 십자가에 못 박힌 그리스도를 전하니 유대인에게는 거리끼는 것이요 이방인에게는 미련한 것이로되(고전1:22–23)

우리 시대에 유행처럼 번지는 각종 '스캔들(scandal)'은 대개 연예계나 정계가 그 진원지입니다. 그것은 인간의 말초 신경을 건드는 것입니다. 그러나 스캔들의 원래 의미는 그렇게 가볍지 않습니다. 이 어휘의 뿌리에는 걸림돌, 장애물이라는 뜻이 들어 있습니다. 걸려 넘어지는 대상은 대개 사람이고 세상의 체제였습니다. 어쨌든 모든 죽음에는 사연이 있듯이 예수님의 죽음 또한 사연이 있습니다. 예수님과 바울은 당시 세계의 스캔들이었습니다. 예수님께서 십자가에 달려 죽으신 것은 남다른 뜻이 있습니다. 속죄를 통해 인류의 죄를 용서를 하시기 위한 것입니다. 그것을 어떻게 알 수 있을까요? 성경은 하나님의 계시 즉 "인간 스스로 알 수 없는 하늘의 음성"입니다. 구원이란 우리가 죄를 짓고 마침내 죽을 수밖에 없는 현실로부터의 구원을 말합니다. 그런데 '구원'을 말하는데 왜 예수님이 아닌 사도바울이 나옵니까? 참 중요한 문제입니다. 놀랍게도 예수님은 사복음서에서 구원에 대한 자세한 말씀을 하지 않으셨습니다. 그렇다면 우리의 구원은 어디에 근거하는 걸까요? 바울이 예수님을 믿는자를 죽이려 한 것은 예수님이 어떠한 분이라는 것을 알았고 자신이 예수님을 직접 만난 충격적인 경험, 예수님의 십자가 죽음과 부활을 중심으로 그것에 의미를 부여하면서 구원론을 구성합니다. 그러므로 우리가 구원론을 자세하게 알기 위해서는 사도 바울의 서신을 통해서 알게 됩니다.

다양한 구원의 모습들

그런데 사도 바울이 말하는 "'구원'을 말하는 그림언어 (metaphor, 은유)가 매우 다양하다는 것입니다. 그림언어는 어떤 실체를 하나의 시각에서만 바라보기 때문에 제한성을 가질 수밖에 없습니다. 그러므로 여러 그림언어들을 통해 상호보완적으로 이해해야 구원을 충분히 이해 할 수 있습니다. 그렇게 할 때 구원의 의미가 더 풍성해 질 수 있습니다. 다양한 구원의 그림언어를 알지 못하면 성경을 볼 때 큰 혼선을 일으킬 수 있습니다. 바울이 다양한 측면에서 구원을 접근하는 것은 바로 이런 이유 때문입니다. 제임스 던은 그의『바울 신학』에서 다음과 같이 말합니다. "구원에 대한 만화경적인 이미지들을 통해서 사람마다 다양하게 구원을 느끼기 때문입니다. 구원은 마치 다이아몬드와 같습니다. 그것은 어떤 한 측면에서만 바라보아서는 다 이해할 수 없는 아름답고도 깊은 의미를 포함하고 있습니다. 우리는 그리스도 안에서 일어난 하나님의 구원을 다양한 시각에서 바라 볼 필요가 있습니다"[23] 예를 들어 열 명의 사람들을 제주도에 다녀오게 한 다음 제주도를 다녀온 소감이 무엇인지 서로 대화하면 똑같은 제주도를 보았는데도 서로 다를 수밖에 없는 것과 같습니다. 여기서는 예수님이 왜 죽으셨는지 우리에게 무슨 유익이 있는지를 그림언어, 이미지 일곱가지를 중심으로 살펴 보겠습니다.[24]

희생제사(犧牲祭祀)

구약 성경에 나타난 옛날 이스라엘 백성의 구원 방법을 먼저 생각해 보겠습니다. 1년에 한 번씩 속죄일에 제물을 잡아 피를 가지고 대제사장이 지성소에 들어가서 언약궤를 덮는 속죄소(贖罪所)25)에 속죄할 짐승의 피를 뿌림으로써 이스라엘 백성의 1년 동안 지은 죄를 용서받았습니다. 이 구약의 속죄방법은 앞으로 오게 될 예수 그리스도의 십자가에서 완성될 구원에 대한 그림자였습니다. 그림자였기 때문에 구약의 제사는 매년 되풀이 되었습니다.(히8:5; 9:23)

따라서 예수님의 십자가에서의 속죄적 죽음을 구약의 제사그림을 통하여 설명할 수 있습니다. 예수 그리스도의 죽음은 십자가에서 그 자신이 희생제물이 되어 드린 제사였습니다. 예수 그리스도의의 죽음은 십자가에서 죽음입니다. 제사에는 두 가지 기능이 있습니다. 하나는 죄를 덮는 것입니다. 하나님께서 인간의 죄를 보시지 않도록 피로 덮는 것입니다. 또 하나는 죄에 대한 하나님의 진노를 풀어 버리는 것입니다. 예수님의 죽음 곧 예수님의 십자가에서의 피 흘림도 우리 죄를 덮고 하나님의 진노를 풀어버렸습니다. 예수님은 십자가에서의 죽음으로 우리 죄에 대한 하나님의 저주를 대신 받으신 것입니다.(갈3:13; 신21:23) 이로 인해 하나님께서는 더 이상 우리를 죄인으로 인정하지 않으신 것입니다. 예수님은 십자가에서 죽으심으로 우리 죄에 대한 하나님의 저주를 대신 받으신 것입니다.

바로 여기서 예수님의 죽음이 속죄를 통한 죄 용서인 것을 알수 있습니다. 즉 "하나님께서 예수 그리스도를 부활시키신 것을 보니 예수님은 죄가 없는 분이신 것이 분명한데, 그렇다면 예수님은 왜 십자가에 달려 돌아가셨는가? 아, 나의 죄를 위해 우리 대신 죄의 저주를 받으셨구나! 하나님의 진노를 우리 대신 받으셨구나!"라고 깨닫게 됩니다. 그래서 바울은 십자가에 나타난 구원을 구약에 나타난 제사용어를 통해 설명한 것입니다.

해방(Liberation)

해방의 메타포는 노예시장에서 온 그림언어입니다. 구속(救贖)[26]이라고도 합니다. 옛날에 노예를 사고팔던 시절에 노예를 해방시키려면 주인에게 노예에 대한 값을 치르고 그 노예를 사서 해방시켰습니다. 이와 같이 예수 그리스도의 죽음이 우리의 죄에 대한 몸값을 치른 것입니다. 죄의 노예가 된 우리를 예수님께서 대신 지불하고 사서 우리를 죄와 사탄 그리고, 율법과 죽음의 노예상태로부터 해방시키셨습니다. 그래서 예수님은 자기목숨을 대속물, 즉 몸값이라고 하셨습니다.(막 10:45) 이 구속의 결과가 무엇입니까? 노예가 몸값을 지불하고 해방되면 자유의 사람이 됩니다. 이와 같이 구원받은 우리는 해방된 자유인이 되는 것입니다. 해방메타포의 사회, 문화적인 배경은 다양합니다. 먼저 유대인에게 '해방'이라는 단어는 즉각적으로 출애굽 사건을 생각나게 할 것입니다. 이는 출애굽을 경험한 이스라엘 사람들의 기억에 깊이 각인되어 그들의 신앙의 토대가 되었기 때문입니다.

레위기 25장 23-49절에는 이스라엘 사람과 재산 및 토지를 구제하기 위한 여러 가지 방법들이 나옵니다. 그 중에서 우리의 관심을 끄는 것은 노예해방에 대한 규정입니다. 그것은 어떤 이스라엘 사람이 가난하여져서 이방인에게 노예로 팔릴 경우 가까운 친척이 몸값을 대신 지불하고 되살 수 있게 하는 것이었습니다. 갈라디아서 3장 13절과 4장 5절에 이것이 등장 합니다: "하나님이 아들을 보내신 것은 율법 아래 있는 자들을 속량하시고…." 여기 '율법 아래'는 율법의 저주 아래를 의미합니다. 그것은 자유가 없는 상태, 곧 그리스도의 구원이 절박하게 요구되는 출구가 없는 상태입니다. 3장 23절을 보면 그것은 정죄하는 율법의 권세 아래에 '매이고', '갇힌' 노예상태를 말합니다. 그리스도께서는 이런 노예상태에서부터 우리를 해방시키셨습니다. 실제로 그리스도께서는 십자가 위에서 값을 지불하시고 우리를 율법의 지배로부터 자유케 하셨습니다. "우리가…그의 피로 말미암아 구속 곧 죄 사함을 받았으니." 또한 로마서 3:24의 '예수 그리스도 안에 있는 구속'이라는 표현에도 속전(贖錢)을 통한 해방의 의미가 포함되어 있습니다. 이런 예화를 생각해 볼 수도 있습니다. "2차 대전 중에 일어난 일입니다. 유대인을 잡아 죽이기 위한 계획들이 치밀하게 이루지고 있었습니다. 그런데 독일사람 쉰들러(Schindler)는 군수공장을 운영하는 부자였습니다. 이 와중에 쉰들러는 비참하게 죽어가는 유대인들을 보고 긍휼한 마음이 들었습니다. 쉰들러는 유대인을 살리기 위해 자기 돈으로 유대인 한 사람 한 사람을 사들여 자기 공장에서 일하도록 했습니다. 그리고는 유대인들을 잘 보살펴 주었고, 전쟁이 끝나자 쉰들러의 공장에서 일하는 유대인들은 모두 무사히 살아남았습니다. 쉰들러리스트(Schindler's List)는 쉰들러가 유대인을 살려준 명단입니다. 이 명단에 들어 있는 자들은 모두 살아났습니다. 해방되었습니다. 쉰들러는 나중에 내가 돈을 더 아껴 한 사람이라도 더 살리지 못한 것에 눈물을 흘리기도 하였습니다."[27] 그는 나중에 이스라엘의 추앙받는 의인이 되었습니다.

바울의 해방메타포는 주로 갈라디아서와 로마서에서 발견됩니다. 갈라디아서 3장 13절은 말합니다. "그리스도께서 율법의 저주에서 우리를 속량하셨다." 그렇다면 율법의 저주 아래 있다는 것은 하나님의 무서운 심판 아래 있다는 것을 가르킵니다. "하나님이 그 아들을 보내신 것을 율법 아래 있는 자들을 속량하시고" 여기 '율법 아래는' 율법의 저주 아래 있다는 것을 의미합니다. 그것은 자유가 없는 상태 곧 그리스도의 구속(救贖)이 절박하게 요구되는 출구없는 상태를 말합니다.

그리스도 밖에 있는 인간은 악한 세력에 예속되어 있습니다. 인간은 '죄의 종'입니다. 죄는 인간을 지배합니다. 인간은 지체를 죄에게 드려 죄를 섬깁니다. 죄는 자기 종에게 섬김에 대한 삯으로 사망을 지불합니다. 인간은 자유를 상실하고 율법에 매여 있습니다. 율법은 정죄하는 권세를 가지고 인간을 지배합니다. 구원이란 이러한 죄와 율법의 세력으로부터 해방입니다. 이제 우리는 더 이상 옛 주인의 지배아래에 서 아니합니다.

칭의(稱義, Justification)

전통적으로 바울의 구원론은 '칭의'라는 메타포에 집중된 경향이 많았습니다. 물론, "칭의의 메타포가 구원론에서 가장 중요한 위치를 차지하고 있는 것은 사실입니다. 그러나 "칭의라는 메타포는 많은 구원 메타포 중의 하나에 불과하다는 사실을 알아야 합니다. 그렇다고 칭의의 메타포가 잘못된 것이라는 것은 결코 아닙니다. 바울 자신이 하나님의 구원 행위를 다양한 관점에서 바라보고 있는데, 우리가 어떤 특정한 메타포를 정경화(canonize)하거나 또는 지나치게 강조하는 것은 바울의 사상을 왜곡하는 것입니다."[28] 일반적으로 우리나라 교회에서는 '칭의'

를 말할 때 법정적 의미만을 생각하는 경향이 있고 그렇게 가르치기도 합니다. 이것은 칭의를 절반만 가르치는 것이라고 해도 과언이 아닙니다. 그러면 법정적 칭의와 관계적 칭의에 대하여 살펴 보겠습니다.

1) '칭의' (稱義)의 법정적 의미

첫째, 법정적 의미입니다. 인간이 하나님의 법을 순종하여 한 행동이 의로운 것이고, 그것을 거슬러 한 행동이 불의(不義)한 것입니다. 즉, 의로운 행동에는 상을 주시고 불의한 행동에는 벌하시는 것이 '하나님의 의' 이자 하나님의 속성입니다. 하나님의 의를 이렇게 이해하는 것이 법정적 의미입니다. 칭의는 법정에서 온 그림입니다. 심판관에 의해 무죄석방을 받으면 의인이 되는 것입니다. 하나님께서는 우리를 보호하시고 사랑하시며 동시에 우리는 하나님께 의존하는 것이 하나님과 우리의 올바른 관계인데, 이 올바른 관계를 파괴하는 것이 죄입니다. 이 죄를 용서받고 하나님과 올바른 관계로 들어가 의인으로 인정되는 것입니다. 그러므로 과거의 죄에 대하여 용서를 받고 하나님께 의존하고 순종하는 올바른 관계 속에 들어가는 것이 의인이 되는 길입니다. 그러면 이것이 어떻게 이루어집니까?

믿음으로 예수님이 나를 위해 죽으셨다는 것을 받아들임으로 이루어집니다. 즉 예수님께서 우리를 대신하여 하나님으로부터 정죄를 받으셨을 뿐만 아니라 율법의 저주로부터 해방을 받으신 그 사실 때문에 우리가 구원을 받게 된 것입니다. 예수님의 죽으심에 우리가 참여할 뿐 아니라 그의 부활에도 우리가 참여해서 예수님이 죄로부터 해방되셨고 우리도 해방되는 것입니다.

　과거에 하나님과의 올바른 관계를 파괴한 죄에 대한 대가를 예수님이 나를 대신하여 치르셨습니다. 그렇기 때문에 내가 예수님을 믿는다면 나도 진짜 죄에 대한 벌을 받은 셈입니다. 그러므로 더 이상 내게 죄에 대한 벌이 없습니다. 이와같이 법정적 의미에 대해서는 교회를 통하여 자주 들어온 설명이어서 익숙할 것입니다.

> 그러므로 우리가 믿음으로 의롭다 하심을 얻었은즉 우리 주 예수 그리스도로 말미암아 하나님으로 더불어 화평을 누리자 (롬5:1)
>
> 그리스도가 우리를 위하여 저주를 받으심으로써 우리를 율법의 저주로부터 구속하셨다. (갈3;13)
>
> 율법이 육신으로 말미암아 연약하여 할 수 없는 그것을 하나님은 하시나니 곧 죄를 인하여 자기 아들을 죄 있는 육신의 모양으로 보내어 육신에 죄를 정하사 (롬8;3)

　이것은 역사적으로 칭의에 대한 매우 중요한 성경 본문들입니다. 법정적 해석은 특히나 루터나 칼빈에 의한 전통적 관점으로서 당연히 인정해야 합니다.[29] 그러나 우리의 구원을 법정적으로만 이해하는 것은 한계가 있습니다. 그런 면에서 칭의의 관계적 의미를 보다 자세히 설명하려 합니다.

2) 칭의의 관계적 의미

구약에서 '의'는 법정적 의미도 갖지만, 보다 근본적으로 관계적 의미, 즉 언약적(또는 '계약') 의미를 갖고 있습니다. 언약(言約)이란 하나님과 우리(이스라엘)가 서로 약속했다는 것을 말합니다. 즉, '의'는 근본적으로 '언약 관계에서 나오는 의무를 다하는 것', '관계에 성실하다'는 뜻을 가지고 있습니다. 모든 관계 즉 부모-자식, 목사-회중, 의사-환자, 고용주-노동자, 통치자-피통치자 등, 그 관계의 두 참여자들이 서로 의무를 다하는 것을 의미합니다. 예를 들어, 부자(父子) 관계에서 아비는 자식을 잘 양육할 의무가 있고, 자식은 아비를 공경하고 순종할 의무가 있습니다. 이때 부자가 함께 그 관계에서 나오는 자기 쪽의 의무를 다하면, 즉 그 관계에 성실하면, 그들은 의롭고 그 관계는 원만한 상태를 갖습니다. 이것이 '샬롬'입니다. 그러니까 즉, 언약관계에 속한 두편이 언약이 요구하는 관계에 성실할 때 '샬롬'을 낳습니다. 이것을 헬라어로 '에이레네'라고 하며, 이는 '평화', '화평'을 의미합니다. 그런데 원래 '샬롬'은 그것보다 좀 더 포괄적인 개념으로서 모든 것이 두루 원만한 상태를 뜻합니다. 반면에 그 관계의 당사자들이 그 관계에서 나오는 상대에 대한 의무를 다하지 못하면 그들은 '불의' 하다고 할 수 있으며 그 결과 그들은 갈등과 불화를 겪게 됩니다. 하나님은 이스라엘을 선택해 그들에게 하나님 노릇을 해 주시겠다고 약속하셨습니다. 즉, 언약을 세우셨습니다. 언약의 형식은 "내가 너희의 하나님이고, 너희가 나의 백성이라"는 구·신약에서 자주 나오는 입니다. 성경의 마지막 책인 요한계시록 21장에 보면 종말에 언약관계가 이루어지는 것을 볼 수 있습니다.

보라 하나님의 장막이 사람들과 함께 있으매 하나님이 저희와 함께 거하시리니 저희는 하나님의 백성이 되고 하나님은 친히 저희와 함께 계셔서 모든 눈물을 그 눈에서 씻기시매 다시 사망이 없고 애통하는 것이나 곡하는 것이나 아픈 것이 다시 있지 아니하리니 처음 것들이 다 지나갔음 이러라 보좌에 앉으신 이가 가라사대 보라 내가 만물을 새롭게 하노라 (요한계시록 21장 3-5절)

"언약이란 무엇입니까? 앞에서도 말했지만 언약의 당사자들은 '아버지와 아들', '왕과 백성', '목자와 양 떼', '신랑과 신부', '농부와 포도원'의 관계 등으로 그려질 수 있습니다. 이 언약을 통해 하나님은 이스라엘에게 복 주시고, 그들을 보호하시고, 구원하시는 의무를 스스로 지니신 것이고, 구원 받은 우리는 하나님을 예배하고 순종하는 의무를 지게 되는 것입니다.

"하나님과 이스라엘의 관계는 하나님과 온 인류의 관계를 보여주는 하나의 특수판입니다. 하나님의 창조에는 언약의 의미가 들어 있었습니다. 즉, 하나님이 온 인류와 세상을 창조하실 때 피조물들을 보살펴 주시겠다는 약속을 하신 것입니다. 그런데 이방인들은 물론, 심지어 하나님의 특별한 백성인 이스라엘도 하나님과의 관계에 성실하지 못하여 '불의'하게 된 것입니다. 이것이 이스라엘의 죄요, 인류의 죄로서 하나님과의 관계를 단절시킴으로써 우리로 하여금 죄와 죽음의 통치 아래 떨어지게 한 것입니다. 하나님이 자신을 배신한 피조물인 우리를 인간의 아비와 같이 내치시면 인간에게는 무슨 소망이 있겠습니까? 또 만약 하나님이 그렇게 하신다면 하나님 역시 피조물과 세우신 언약적 관계에서 오는 자기 쪽의 의무를 다하지 않으신 것이 되며 하나님도 '불의'한 분이 되는 것입니다.

그런데 예수님이 하나님 나라의 복음을 선포하시면서 하나님은 어떤 분이라고 말씀하십니까? 인간이 자신을 배신하고 죄에 빠졌어도(인간은 '불의'해도) 하나님은 그들의 죄를 용서하여 주시고 끝까지 아빠노릇을 해 주시는 분이라고(하나님은 '의'로우시다)하지 않습니까? 예수님의 하나님 나라의 복음은 하나님이 하나님노릇을 해 주시기에 우리에게 구원이 왔다는 기쁜 소식입니다."[30]

바울도 이러한 의미로 그리스도의 십자가 사건을 해석하면서 복음을 선포한 것입니다. 하나님께서 우리 죄인들을 버리지 않으시고 도리어 그리스도를 통하여 우리에 대한 자신 쪽의 의무를 다하셨음을 잘 보여 주고 있습니다. 즉 자신의 '의'를 보여 주셨습니다. 하나님께서 그리스도를 우리 죄인들의 죄를 없애 버리는 제물로 사용하셔서 우리의 죄를 용서하시고 하나님과의 올바른 관계가 회복되게 하심으로 자신의 '의'를 드러내신 것입니다. 이것이야말로 우주적 사건이요, 충격적인 구원사건입니다. 그리하여 우리는 의인으로 인정되었고, 하나님과 올바른 관계를 가진 자가 되었습니다. 그러므로 하나님도 의롭게 되시고, 우리도 의롭게 된 것입니다. 그러기에 그리스도의 십자가 사건은 하나님의 의를 계시하는 사건입니다.(롬3:21, 롬1:17)

> 모든 사람이 죄를 범하였으매 하나님의 영광에 이르지 못하더니 그리스도 예수 안에 있는 구속으로 말미암아 하나님의 은혜로 값 없이 의롭다 하심을 얻은 자 되었느니라 이 예수를 하나님이 그의 피로 인하여 믿음으로 말미암는 화목제물로 세우셨으니 이는 하나님께서 길이 참으시는 중에 전에 지은 죄를 간과하심으로 자기의 의로움을 나타내사 자기도 의로우시며 또한 예수 믿는 자를 의롭다 하려 하심이니라(롬 3:21-26)

로마서 3:24~26에 대해 법정적 의미와 관계적 의미, 이 둘 중에 어떤 것으로 해석할 수 있을까요? 결정하기가 어려운 문제입니다. 바울신학 체계 전체를 보면 로마서 3:21~26을 법정적 범주로 해석한 전통적인 해석을 무시할 수 없습니다. 왜냐하면 이것을 지지하는 성경말씀들이 많기 때문입니다. 가령, 갈라디아서 3:13에서 "그리스도가 우리를 위하여 저주를 받으심으로써 우리를 율법의 저주로부터 구속하셨다."라는 구절은 그리스도의 십자가의 죽음을 명백한 법정적 범주로 해석한 것입니다. 또한 로마서 8:3을 보면 "하나님이 그의 아들을 보내사 그의 아들의 몸에서 죄를 정죄하셨다"라고 하는데, 이것 역시 법정적 해석입니다. 그래서 그리스도의 속죄에 대한 법정적 해석을 무시할 수가 없습니다." 많은 학자들은 한 해석을 택하고 다른 해석들을 배격하기도 하는데, 그것은 옳지 않습니다. 그것들을 만족스럽게 통합하기가 어렵다하여도 그것들을 함께 견지하는 것이 성경적 요구입니다."[31]

지금까지 개신교 전통에서는 '바울의 칭의 복음'을 '예수님의 하나님나라 복음'과 무관하게 해석하다 보니 칭의의 의미를 편향적으로 또는 왜곡해서 이해했습니다. 그 결과 칭의론은 의인으로서의 삶이 없으면서도 의인으로 자처하는 사람들을 양산하는 교리가 되었습니다. 심지어 의인으로서 새 삶을 방해하는 교리로까지 전락해버렸습니다. 그래서 대다수 교인들은 믿음을 윤리와 분리해서 이해하고 윤리는 없어도 믿음만 있으면 자신들이 최후의 심판대에서 하나님의 진노로부터 구원을 받을 것이라고 생각합니다, 이것이 오늘날 한국교회의 비극의 가장 큰 원인입니다. 그러므로 믿음 없는 윤리도, 윤리 없는 믿음도 크게 잘못된 것입니다.

화해(Reconciliation)

'화해' 라는 메타포도 바울의 구원에 있어서 중요한 주제입니다. 어떤 학자들은 '화해' 가 심지어 바울신학의 중심이라고 주장하기도 합니다. '화해는 사회적인 영역에서 오는 원수가 친구가 되는 것을 의미합니다. ' 화해 '라는 개념을 표현하는 헬라어 단어인데 이 단어는 교환(exchange)을 뜻하는 말에서 파생된 것으로 불화가 평화로운 관계와 교환되는 것을 의미합니다. 그러니까 두 당사자 사이에 불화가 종식되고 올바른 관계가 회복되는 것을 말합니다. 하나님과 우리가 더 이상 갈등하지 않는 관계를 화해라고 말합니다. 곧 친구가 된 것입니다. 이것은 인간관계 속에서 온 그림(metaphor)입니다. 하나님과 인간의 관계가 화해의 관계라면 이제는 더 이상 싸울 일이 없게 되었습니다. 그 결과 평화가 일어납니다. 샬롬(shalom), 즉 평화란 내적이고 주관적 평화(peace of God)의 느낌도 포함하기는 하지만 그 이전에 하나님과 인간이 더 이상 적대하지 않고 평화로운 관계(peace with God)

를 이루게 되었음을 의미합니다. 하나님의 평화는 단순한 평화로운 느낌 이전에 예수님의 죽음을 통해 이루진 하나님과의 올바른 관계를 의미합니다. 샬롬이 이루어집니다. 이와 같은 샬롬, 곧 하나님과의 화해로 인한 평화는 인간이 하나님과 친구관계가 되어 하나님의 무한한 자원을 끌어다 쓸 수 있게 되었음을 의미합니다. 하나님께 의존하고 순종하는 올바른 관계를 갖게 되었다는 것입니다. 인간은 하나님께 불순종하였습니다. 이러한 죄는 하나님과의 교제를 깨뜨리고, 분리시켰습니다. 그러나 하나님은 주도적으로 화해의 사건을 일으키셨습니다. 인간 사이에서도 관계가 파괴되면 화해가 성사되려면 보통 쌍방의 노력이 필요합니다. 그런데 하나님과 인간 사이의 관계 회복에 관한한 '쌍방'이 동등한 것이 아닙니다. 잘못은 분명히 인간에게 있습니다. 그러나 인간을 치유하시고 인간과의 관계를 회복시키시는 분은 하나님입니다. 바울은 하나님이 "그리스도로 말미암아 우리를 자기와 화목하게 하셨다"(고후5:18)라고 말하고 있습니다. 인간은 하나님과 화목을 위해 스스로 어떠한 일도 할 수 없습니다. 화해는 전적으로 하나님의 사역입니다.

화해의 근원과 기초는 전적으로 하나님의 사랑입니다. 화해는 하나님의 사랑으로 하나님 편에서 먼저 시작된 것입니다. 그리스도의 죽음이 바로 하나님의 사랑의 표시이며 증거입니다. 하나님은 "우리가 아직 죄인 되었을 때에"(롬5:8) 또는 "우리가 원수 되었을 때에"(롬5:10) 그 아들의 죽으심으로 말미암아 우리에 대한 자기의 사랑을 확증하셨습니다. 인간은 하나님을 대적하는 반역자입니다. 그래서 하나님은 인간을 원수로 간주하십니다. 그러나 동시에 하나님은 원수된 인간을 사랑하십니다. 그리하여 사랑하는 아들을 주셔서 우리 대신 죽게 하셨습니다. 그 결과로 우리의 죄가 용서되었습니다. 로마서 5장 9-10절을 보면 '화해'는 '칭의'와 나란히 등장합니다. 바울은 5장 9절에서 "우리가 그 피를 인하여 의롭다 하심을 얻었은즉"이라고 말하고 5장 10절에서는 "그 아들의 죽으심으로 말미암아 하나님과 더불어 화목 되었은즉"이라고 말합니다. 이와같이 화해는 하나님과의 친밀한 인격적인 관계, 하나님의 사랑, 화평을 특징적으로 드러내주는 것입니다.

소유권의 변경(Change of Ownership)

소유권의 변경은 노예가 한 주인에게서 다른 주인에게로 옮겨지는 것을 말합니다. 이 메타포는 해방 메타포와 짝을 이루는 것입니다. 두 메타포는 모두 노예제도라는 동일한 사회문화적인 배경에서 사용 가능합니다. 소유권 변경은 로마서 6장 18절에서 그리스도인이 "죄에게서 해방되어 의롭게 되었느니라"고 말합니다. 또 6장 22절도 "이제는 너희가 죄에서 해방되고 하나님께

종이 되어…"라고 진술합니다. 여기에서 바울은 구원을 주인이 바뀌는 관점에서 보고 있습니다. 그리스도인은 죄에 대하여 죽었습니다. 이것은 죄의 세력에서 해방된 것을 의미합니다. 어떻게 그런 해방이 발생되었습니까? 그리스도인은 세례를 통하여 죄라는 주인에 대하여 죽었습니다. 세례는 믿음으로 그리스도의 죽음에 동참하는 것을 상징합니다. 그리스도의 죽음은 그 자체가 죄에 대한 죽음입니다. 바울이 볼 때 이 죽음은 생명에로 열리는 문입니다. 죄에 대하여 죽었던 그리스도는 다시 살아나 이제 '하나님에 대하여' 살게 됩니다. 이것은 완전히 하나님의 지배 아래 있는 삶을 가리킵니다. 그리스도가 죄인들과 자신들을 동일시하여 십자가에서 돌아가셨을 때 예수님께서도 어떤 점에서 죄의 지배아래 있었던 것입니다. 따라서 세례를 통하여 그리스도의 죽음에 참여하는 자는 동일한 이동을 경험합니다. 곧 죄의 지배에서 해방되어 하나님의 지배 아래로 들어갑니다. 그는 더 이상 죄의 노예가 아니라 하나님의 노예입니다. 로마서 6장 12-14절에서 바울은 새로운 지배 아래로 이동을 경험한 자들에게 실제적인 삶 속에서 그것을 심각하게 받아들이라고 명령합니다. 그리스도인은 더 이상 죄가 자기 죽을 몸에서 군림하도록 허락해서는 않됩니다. 대신에 모든 지체를 '의의 병기'로 하나님께 드려야 합니다.(롬6:13) 인간은 죄의 노예이든지 아니면 하나님의 노예입니다. 그리스도인은 원래 죄의 노예였습니다. 그러나 하나님의 은혜의 역사로 복음에 순종하게 되었습니다.(롬 6:17) 그 결과 그는 죄에서 해방되어 의에게 종이 되었습니다. 여기 '의'는 하나님의 자기 계시와 분리될 수 없습니다. 그러므로 그리스도인은 새로운 주인이 하나님께 순종해야 합니다. 죄의 노예는 충성스러운 섬김의 대가로 마지막에 정당한 보상을 받는데 그것은 놀랍게도 사망입니다. 그러나 하나님의 지배 아래에 있는 자는 궁극적으로 영생을 누리게 됩니다. 그것은 섬김의 대가가 아니고 은혜의 선물입니다.

이신칭의 즉 믿음으로 의롭게 됨의 교리를 오해한 사람들에게 바울은 "그런즉 우리가 무슨 말 하리오 은혜를 더하게 하려고 죄에 거하게 되느뇨."(롬6:1) 소위 무율법주의자들을 대해서 한말하지요. 이말에 대하여 바울은 강렬하게 "그럴 수 없느니라"(6:2)라고 대답합니다. "죄에 대하여 죽은 우리가 어찌 그 가운데 더 살리요". 믿음으로 의롭다 함을 얻은 자는 더 이상 죄에 머물러서는 안됩니다. 왜냐하면 그는 죄의 지배 아래에서 하나님의 지배 아래로 이동되었기 때문입니다. 이것은 이신칭의 메타포의 한계를 다른 메타포를 통해 극복하고자하는 시도입니다. 하나의 메타포는 어떤 실체를 하나의 시각에서만 바라보기 때문에 제한성을 갖습니다. 그러므로 여러 메타포들은 상호 보완적으로 이해되어야 합니다. 바울이 다양한 측면에서 구원을 접근하는 것은 바로 이러한 이유 때문입니다.

새 창조(New Creation)

성경에 나타난 가장 근본적인 진리는 하나님이 하늘과 땅의 창조주라는 사실입니다. 창세기 1장을 보면 하나님의 말씀으로 혼돈과 흑암 중에 질서가 부여되고 세계가 존재하게 되며 인간과 생물이 만드셨습니다. 특별히 인간은 하나님의 형상으로 창조되었습니다. 그런데 아담의 불순종으로 죄가 세상에 들어와 모든 인간이 사망에 종속되고 자연세계는 '썩어짐의 종노릇'을 하게 되었습니다.(롬8:21) 죄와 사망의 지배 아래에서 피조물의 현 상태는 한마디로 절대절망입니다. 이 세상의 구원을 위하여 개선이나 개혁은 충분하지 않고 전면적인 변혁이 요구됩니다. 다시 말하면 새 창조가 필요한 것입니다. 고린도후서 5:17에서는 누구든지 그리스도 안에 있으면 새로운 피조물이라했는데, "새로운 피조물"은 사람의 존재론적 변혁에 있지 않고, 사람의 심리학적 혹은 신경계통의 변혁과는 아무런 연관도 없이 그리스도를 삶의 장(場)으로 날마다 받아들인 사람의 관점의 변화에 있다는 것을 말합니다. 이 말은 사회적 혹은 역사적 진술이지, 내향적 혹은 감정적 진술이 아닙니다.[32]

이런 배경 속에서 바울은 그리스도의 구속 사역을 새 창조의 사역의 관점에서 이해합니다. 그것은 그리스도의 죽음과 부활로 이미 시작되었으며 그리스도의 재림으로 완성될 것입니다. 이 점에서 볼 때 새 창조는 예수님이 선포하신 하나님나라와 같습니다. 오는 세상과 하나님나라도 이미(already)와 아직(yet)의 긴장 속에 있습니다. 그러니까 새 창조에 참여하는 자는 새로운 피조물이 되는 것입니다. 새 창조는 미래의 소망이지만 동시에 현존하는 실재입니다. 믿는 자들은 이미 그리스도와 함께 일으킴을 받았습니다. 결과적으로 그들은 '그리스도 예수 안에서 선한 일을 위하여 지으심을 받았다.'(엡2:10) 달리 말하면 그들은 옛사람을 벗어버리고 새 사람을 입을 것입니다. 이 내적 갱신의 주체는 그리스도 안에 거하여 역사하시는 성령입니다. 성령 안에서 그리스도인은 새로운 삶을 살게 되는 것입니다.

하나님의 아들 됨(養子됨, Adoption)

하나님의 아들 됨의 메타포는 가족관계에서 오는 그림입니다. 이스라엘은 하나님에게 선택받은 약속의 백성으로 하나님의 아들 또는 아들들이라고 불렸습니다. 그러나 이스라엘은 하나님을 의존하고 순종하지 않음으로써 하나님의 백성이 되는데 실패했습니다. 다시 말해, 언약이 파기되었습니다. 그래서 예수님은 다니엘 7장 13절 이하와 이사야 42장 6절과 49장 8절과 53장의 예언을 성취하는 분으로 오셔서 우리를 하나님의 자녀들이 되게 하시려고 십자가에서 대속(代贖)적인 죽음을 죽으시고 '새 언약'을 세우셨습니다. 예수님께서 십자가를 지시기 전날 밤 최후의 만찬 때 이 떡은 너희를 위하여 부서지는 나의 몸이며 이 잔은 새 언약을 세우기 위한 피(마26:28; 막14:24; 눅22:20)라고 말씀하셨습니다. 우리는 믿음으로 하나님의 아들·딸이 되었습니다. 그러기에 예수님께서 아주 독특하게 하나님을 "아바(Abba)"라고 부르면서 그를 따르는 제자들에게도 하나님을 "아바"라고 부르게 하셨습니다.[33] 이 말은 곧 예수님을 따르는 제자들로 하여금 하나님의 아들들이 되게 했다는 뜻입니다. '아바'라는 말은 하나님과 우리가 얼마나 가까운 사이인가를 보여 주는 말입니다. 우리가 기도할 때, 하나님을 부를 때, '아바'라는 말을 사용하는 것은 매우 좋은 것입니다.

하나님의 아들이 된다는 것은 굉장히 의미심장한 그림입니다. 사람들은 찰스 영국 왕세자가 엘리자베스 여왕의 아들이라고 해서 대단한 사람처럼 알고 있습니다. 그러나 그 정도는 정말 아무것도 아닙니다. 영원한 하나님, 무한한 능력과 지혜와 사랑을 가지신 하나님이 나의 '아빠' 아버지가 되신다는 사실이야말로 정말 대단한 일입니다. 이제 우리는 하나님께 의존해서 하나님의 무한한 자원을 나의 것으로 쓸 수 있게 되었습니다. 하나님께 의존해서 자기의 제한된 자원에서 오는 모든 고난에서 벗어나게 되었습니다. 이것이 "성경적 숙어로 영생(永生)입니다. 영생이란 악과 고난으로 얼룩진 인생을 여름날에 엿가락을 늘이듯 시간적으로 길게 사는 것이 아닙니다. 예수님이 가져다주시는 '영생'이란 근본적으로 '신적인 삶'을 뜻합니다. 믿음으로 그리스도와 연합함으로써 그 분의 됨됨이에 참여하여, 곧 그의 아들됨에 참여하여 그 아들 된 특권을 누리고, 하나님 나라를 상속받게 되는 것입니다. 하나님의 무한한 자원을 나의 것으로 받아 가난하고 제한된 나의 삶이 신적인 풍성한 삶을 살게 된다는 말입니다. 지혜가 없어서 불안하고 능력이 없어 두려우며 시간적으로 제한되어 죽어가는 인생이 아니라, 하나님의 무한한 자원, 즉 그 무한한 사랑과 그 영원한 시간에 동참하는 신적 삶인 '영생' 을 누리게 됩니다. 이것이야말로 죄로 말미암아 죽을 수밖에 없는 우리 인생에게 주어진 큰 축복입니다. '영생' 은 질적으로 하나님의 삶에 동참하는 전혀 다른 삶이며, 시간적으로도 하나님의 영원에 동참하는 삶입니다. 구원 받은 자는 이러한 삶을 현재의 삶에서 누리며 살아가야 합니다."[34] 하나님께 완전히 의지하고 순종하는 인자로서 자기 목숨을 대속물로 바쳐 많은 사람으로 하여금 하나님과 올바른 관계를 갖는 하나님의 아들들이 되게 하시려고 이 세상에 오셨습니다. 그 죽음은 십자가의 죽음이고, 우리가 그것을 믿음으로 구원을 얻게 되는 것입니다.

아담이 선악과를 따먹고 자기 이상(以上)의 신적 존재가 되고자 했을 때 초인이 된 것이 아니라, 역설적이게도 인간 이하로 떨어져 죄인이요, 살인자요, 불안과 공포로 떨고 피와 땀과 눈물에 허덕이는 인간이 되었습니다.(창3장-4장) 즉 하나님께 의존하지 않은 우리의 죄를 인정하고 그리스도의 십자가의 죽음과 부활을 믿을 때 우리는 예수님과 연합하게 되며 진정한 인간이 되는 것입니다. 이렇게 될 때 우리는 신적인 삶인 하나님의 무한한 자원에 참여할 수 있습니다. 이것이 인간의 유일하고도 진정한 초월의 길입니다. 인간의 유일한 초월의 길은 그 피조물의 제한성을 부인하는 데 있는 것이 아니라, 그것을 받아들이고 하나님의 무한한 자원에 의존하고 순종하는 데 있습니다.

이상에서 우리는 7가지 구원의 그림언어 이미지에 대해서 살펴보았습니다. "바울 자신이 하나님의 구원행위를 다양한 관점에서 바라보고 있는데 우리가 어떤 특정한 메타포를 정경화 하거나 또는 지나치게 강조하는 것은 바울의 사상을 왜곡하는 것입니다. 구원이란 다이아몬드와 같아서 여러 각도에서 포괄적으로 이해되어져야 합니다."[35] 그렇다면 2천 년 전 하나님께서 예수 그리스도 안에서 이루신 십자가를 통한 구원이 오늘의 나에게 어떻게 효력을 발휘할 수 있는가요? 예수님의 죽음이 나와 무슨 상관이 있습니까? 우리가 어떻게 구원을 받습니까? 믿음으로 받습니다! 그러면 믿음이란 무엇일까요?

믿음이란 무엇인가

하나님께서 그리스도 안에 이루신 구원이 믿음을 통해 우리에게 효력을 발생하게 됩니다. 그래서 믿음은 예수 그리스도 안에서 일어난 하나님의 구원사건이 우리에게 효력을 발생하게 하는

수단입니다. 이 믿음이 유일한 수단이라는 점에서 구원의 조건
이라고 할 수 있습니다. 여기서 주의해야 할 것은 믿음은 하나님
의 구원을 얻어내기 위한 인간의 공로로서의 조건이 아니라, 믿
음으로만 받을 수 있다는 의미에서의 조건이라는 것입니다. 구
원은 오직 하나님의 은총으로만 우리에게 주어지는데, 믿음은
이 구원을 받는 데에 꼭 필요한 수단이라는 의미에서 조건입니
다. 과연 십자가 사건이 나에게는 어떻게 적용될까요? 믿음이 도
대체 무엇이기에 우리가 믿음을 통해 하나님의 엄청난 구원사건
을 내 것으로 만들 수 있는 것일까요? 우리가 무턱대고 믿으면 구
원을 받는다고 말하곤 하지만, 여기서 믿음의 성격을 좀 더 자세
히 살펴봄으로써 우리의 구원을 보다 확실하게 할 수 있으면 좋
겠습니다.

"믿음의 본질적 의미는 선포된 복음을 받아들이는 것입니다.
선포된 복음이 무엇입니까? '예수님이 주(主)입니다.' 라는 메시
지입니다. 여기서 '주' 라는 말은 왕(王)이라는 말입니다. 또 예
수님은 '그리스도'(히브리어, 메시아)입니다. 그러므로 구원의
시각에서 복음을 정의한다면, "예수 그리스도가 우리를 위해 죽
고 부활했습니다."라고 할 수 있습니다. 이것이 선포된 복음이
고, 이것을 받아들이는 것이 하나님의 구원에 참여하는 것입니
다. 왜 그렇습니까? '우리를 위해' 라는 표현은 '우리에게 이익

을 가져오기 위해'라는 뜻이기 때문입니다. 이 표현을 헬라어로 보면 적어도 세 가지 의미가 들어 있습니다. 즉 '우리 대신에', '우리의 대표로' 그리고 '우리에게 이익을 가져오기 위해서' 입니다.

흔히 '대표'라는 말과 '대신에'라는 말을 혼동하여 사용하는데 우리는 이를 정확하게 구분해야 합니다. 첫째로 '대표'라는 말은 한 사람(one) 대 모두(all)로서 예수 그리스도께서 우리 모든 사람을 한꺼번에 대표하셨다는 뜻입니다. 예수님은 인류가 80억명이라면 80억 번 죽지 않으셨습니다. 그렇게 하지 않으시고 죄인을 대신하여 죽으시되 한 번에 모든 사람을 대표해서 죽으셨습니다. 대표라는 말은 사회 · 정치적으로도 많이 사용하는 낱말입니다."[36] 대통령은 우리나라를 대표합니다. 교장은 그 학교를 대표합니다. 그렇기 때문에 미국 대통령은 미국을 대표하는 것이요, 우리나라 대통령은 우리나라 국민을 대표하는 것입니다. 두 사람이 만나 회담을 하여 무슨 내용이 결정됐다면 우리도 그에 따라야 하는 것과 마찬가지입니다. 왜냐하면 이 사람들이 우리들의 대표이기 때문입니다.

둘째로, '대신에'라는 말은 죄 없으신 예수님이 우리의 죄에 대한 하나님의 벌을 받고 우리의 죄가 초래한 죽음을 우리 대신

감당하셨음을 의미합니다. 적절한 예가 될지 모르지만, 2001년 동경 전철에서 한 일본인이 죽을 수밖에 없는 상황에 있을 때 한국인 이수현씨가 그 일본인을 살리고 대신 자신이 죽는 사건이 있었습니다. 그는 나중에 일본에서 의인이라 불렸습니다. 예수님의 죽음이 바로 이와 같습니다. 잘 알지도 못하는 일본인을 우리나라 사람인 이수현씨가 대신 죽음으로 한 사람을 살려낸 것과 같이 예수님도 죽을 수밖에 없는 상황에 처한 인간을 대신해서 죽으신 것입니다. 죽음 앞에 있는 일본인을 살리는 방법은 이수현가 대신 죽는 방법밖에 없었습니다. 마찬가지로 예수님이 죽음 앞에 있는 인간을 살리는 방법은 예수님이 대신 죽는 방법밖에 없었습니다.

죄 없으신 예수님이 우리를 대신해서 돌아가셨다는 이 복음을 진리라고 받아들이면, 우리가 그리스도 안에서 그리스도와 함께 죽었다는 것이 무엇을 의미하는지 알 수 있습니다. 이것이 하나님이 우리를 위해 하신 구원입니다. 믿는 성도들은 믿음으로 이 구원 사건을 자신에게 적용하여 효력을 발생하게 합니다. 다시 말해, 믿는 사람들은 예수님의 죽음이 그들을 위한 대표적 죽음이자 대신적 죽음이라는 것을 인정함으로써 개개인이 예수님의 죽음을 자기 자신의 죽음으로 만듭니다. 그래서 예수님의 죽음이 나의 죽음이 됩니다. 바울은 이와 같이 믿음으로 스스로를 자신의 대신이고, 대표인 예수님의 십자가 죽음에 하나 되게 한 자를 가리켜 믿음으로 그리스도와 함께 죽고, 그리스도와 함께 부활했다고 말합니다.(롬 6:3-11) 믿음은 우리를 예수님의 십자가의 죽음에 연합(聯合, unite)시키는 역할을 하고 또 예수님의 부활에 연합하게 하는 역할을 합니다. 이 믿음의 내용을 극(劇)으로 표시한 것이 바로 세례입니다.

구원의 걸림돌

우리들 주위에 있는 종교 중에 인간의 노력을 강조하지 않는 종교는 없습니다. 게다가 우리가 살고 있는 현대사회는 너무나 성취(성공, 소유) 지향의 사고방식이 만연해있습니다. '당신은 당신이 스스로 만드는 존재입니다' 라는 말은 기업문화에서 핵심 표어입니다. '당신은 당신 자신의 힘으로 해내야만 합니다.' 많은 사람들이 우리의 가족과 또래들을 통해 혹은 매스컴을 통해 우리에게 스며들어온 성공이라는 세속가치들에 깊이 영향을 받고 있습니다. 많은 사람들은 이런 세속가치들 때문에 하나님이 우리를 사랑하실 수 있도록 자신들이 무언가를 해야 한다거나 무언가를 이루어 내야만 한다는 의무감을 느끼고 있습니다. 복음이 우리에게 하나님께서 베풀어주신 사랑의 무조건성을 선포한다 해도 그런 의무감에 사로잡힌 사람들에겐 그런 선포는 선뜻 받아들일 수 없는 것입니다.

정말로 그들의 생각처럼 하나님께서 우리를 받아들이시려면 우리가 그 전에 무엇인가를 해야만 할까요? 많은 사람들은 타인에게 의존하는 것이 곧 용기를 잃어버린 것과 같다고 배웠습니다. 그 결과, 그들은 '독립' 또는 '자율' 이라는 사이비종교를 강력하게 신봉하게 되었습니다. 그들의 논리에 따르면 인격의 완성은 다른 사람 또는 다른 사물에 의존하지 않는 것에 기초를 두고 있습니다. 그러나 하나님이 우리를 사랑하신다는 생각은 도리어 하나님을 의지하라고 말합니다. 흥미롭게도 이와 비슷한 태도를 인간의 행위와 노력에 강조점을 두었던 중세 후기의 영성에서도 찾아볼 수 있습니다. 루터는 이런 태도들에 대하여 강력한 도전을 제기하였습니다. 우리는 받아들여질 수 없는 존재임에도 불구하고, 예수 그리스도를 통하여 하나님께 받아들여졌다는 사실을 인정해야한다는 것입니다. 그런데 루터는 이것이야말로 인간의 자존심이 견디기 어려운 것이라고 주장합니다. 하나님의 은총에 저항하는 유일한 존재는 바로 우리 마음속에 도사리는 자존심이며, 그 자존심이 곧 불신앙이라는 것입니다. 우리에게 주어진 하나님의 자녀로서의 지위는 거저 받은 것이지, 우리에게 큰 매력이 있어서 받은 것이 아닙니다. 죄인들은 사랑받고 있기에 매력이 있는 것이지, 그들에게 매력이 있어서 사랑받는 것은 아닙니다. 우리는 결코 우리의 공로를 통하여 우리의 구원을 얻어낼 수 없습니다. 그리스도인이 되기 위하여, 우리가 더 높은 것을 성취해야만 한다면 우리는 결코 구원을 얻을 수 없다는 것이 성경이 선언하는 것입니다. 그 모든 일을 이루시는 이는 우리가 아니라, 바로 하나님이십니다. 이것이 바로 은총입니다.[37)]

폴 투르니에도 이와 비슷한 말을 합니다. 그는 『죄책감과 은혜』에서 "사람들이 아무런 대가도 치루지 않는 상태에서 하나님이 자신의 죄를 없애준다는 것은 불가능하다고 생각합니다. 왜냐하면 모든 것에는 대가를 치러야 한다는 사고방식이 우리 의식 속에 너무 깊이 자리 잡고 우리 안에서 활동하고 있기 때문입니다. 이러한 생각은 보편적으로 우리의 논리를 점거하고 있습니다. 그런 이유로 은총을 열렬하게 사모하는 사람조차도 그 은총을 쉽게 받아들이기 어려워합니다. 은총은 그들에게 너무나 단순한 해결책으로 보이기 때문에 일종의 직관이 이에 저항하는 것입니다. 그들은 대가를 치러야 속죄할 수 있다고 믿습니다."[38)]라고 말합니다.

우리가 믿는 은총은 공적과 전혀 다른 것입니다. 오직 성경 신앙만이 은총으로 구원 얻을 수 있는 유일한 종교입니다. 성경이 말하는 것은 하나님께서 예수님의 십자가 속죄를 믿음으로, 무료로 용서하셨다는 것입니다. 그러나 모든 인간의 직관적 인식 속에는 하나님의 값없는 용서에 대한 놀라운 선언과 대가를 치러야 한다는 인간적인 외침이 서로 충돌합니다. 그런데 그 값을 치루는 분은 하나님 자신이고 하나님이 예수님의 십자가를 통해 우리의 죄 값을 단번에 대신 지불하셨다는 것이 바로 복음입니다. 그것도 지불할 수 있는 가장 비싼 대가를 치루셨습니다. 그러니 우리가 치룰 대가는 없습니다. 하나님이 조건적 사랑을 베푸시는 분이시라면 구원의 여부는 나에게 달려있습니다. 우리는 그 조건을 이루려고 열심히 노력해야 할 것입니다. 그러나 우리 하나님은 무조건적 사랑을 베푸시는 분입니다. 우리가 하나님의 은총이 그렇게 무조건적이며 무제한적이라는 사실을 깨달을 때에야 비로소 이 두려움에서 해방될 수 있으며 다른 사람을 용서할 수 있는 힘을 갖게 됩니다.

그러나 말씀에 순종하고 선행을 하며 덕을 세우라고 권면하는 교회의 쉼 없는 강조 때문에 교회 안에서 값없이 주시는 구원에 관한 이 놀라운 소식이 퇴색되기도 합니다. 목사님들은 이 점에 대하여 매우 조심하고 늘 조심해야 합니다. 이렇게 되면 결국 우리들은 어느덧 행위에 의존하는 교인들이 될 수 있습니다. 목사님들은 이 부분에서 균형을 잘 잡지 않으면 성도들이 혼란을 일으킬 수도 있다는 사실을 아셔야 합니다. 우리가 예수님을 통해 용서를 받은 것은 단 한번 만에 완전하게 이루어지는 것이며, 그리스도 예수 안에 있는 자는 결코 정죄함이 없다는 확신을 갖도록 해야 할 것입니다. 이 확신이 있을 때에만 우리는 자유와 해방의 삶을 살 수 있습니다. 물론 우리는 믿음을 가진 후에도 여전히 죄를 지으면서 살아갑니다.

나는 날마다 죽노라

성도가 되었지만 계속 죄를 지으면서 내적 갈등을 겪고 있는 것이 우리 삶의 현실입니다. 그러나 분명히 달라진 것이 있습니다. 이전과는 달리 그리스도인이 된 다음에는 끊임없이 죄책감 속에서 비참하게 살아가는 것이 아니라, 이제는 죄를 지을 때 마다 죄를 고백하고, 아파하면서 회개하며 성령의 인도하심을 받기 위해 끊임없이 기도하는 사람이 되는 것입니다. 사도 바울은 "나는 날마다 죽노라"(고전15:31)고 고백합니다. 바울은 성자입니다. 그 바울이 날마다 죽을 것이 있다고, 나의 주장, 욕망을 날마다 죽이고 해체해야 할 것이 있다고 고백합니다. 바울 같은 성자에게도 날마다 죽어야 할 것이 있다니 하물며 우리인들 어떠하겠습니까? 그리스도 안에 있는 성도들은 죄의식이 이전보다 예민해질 수 있지만 그러나 죄를 지어도, 더 이상 정죄 받지 않는다는 사실을 분명하게 알아야 합니다. 그리스도 예수 안에 있는 자는 결코 정죄함이 없습니다! 그러나 죄를 짓고도 아무 죄의식 없이, 아무 생각 없이 살아간다면 그는 성도가 아닌 것이 분명합니다. 그러나 놀랍게도 가장 열렬한 신자들 중에도 죄 용서를 통한 자유와 행복을 누리지 못하고 사는 분들이 생각보다 많은 것이 현실입니다. 일반적으로 교인들은 이론적, 교리적 차원에서 죄 용서를 믿고 있지만 그것을 믿는다면서도 내면에서 끊임없이 괴롭히는 죄와 연결시키지를 못하고 있습니다. 그러나 우리가 죄를 짓는다 할지라도 예수님 안에서는 결코 정죄함이 없다는 사실을 알고, 사탄의 꾐에 말려들지 말고 성령을 통하여 죄로부터 자유와 해방의 삶을 살아야 합니다. 교회 안에서도 부지런히 헌신을 하고, 헌금을 하고, 봉사하는 것을 통해 죄를 용서받을 수 있다고 생각하는 교인들이 있습니다. 우리가 믿는 신앙은 은총으로부터 오는데 공로를 쌓는 것과는 전혀 다른 것입니다. 그러면 성도가 해야 할 일은 없다는 것일까요? 구원 받은 성도는 이제 하나님의 성령을 통해 자발적으로 순종해야 합니다. 이것을 우리는 '제자도'라고 부릅니다. 그것은 한마디로 예수님이 말씀하신 사랑의 이중계명을 우리의 삶의 현장에서 실천하는 것입니다.

예수께서 이르시되 네 마음을 다하고 목숨을 다하고 뜻을 다하여 주 너의 하나님을 사랑하라 하셨으니, 이것이 크고 첫째 되는 계명이요, 둘째도 그와 같으니 네 이웃을 네 자신 같이 사랑하라 하셨으니(마22:37-39)

한편으로 주기도문에 나오는 "우리를 시험에 들지 않도록" 끊임없이 기도해야 합니다. 그리고 주님의 은총으로 구원받은 우리가 죄를 지었을 때 "죄가 더한 곳에 은혜가 더욱 넘쳤다"(롬 5:20)고 말한 말씀을 기억하며 더욱 깊이 회개하고 더 큰 은총을 경험하면서 살아 갈 수만 있다면 얼마나 좋겠습니까! 하나님나라는 구원 받은 성도들이 지금, 여기서 새로운 세상 하나님나라를 만들어 나가는 것입니다.

지금까지 구원론적인 면에서 십자가의 의미를 생각해보았다면, 이제는 다른 방향에서 예수님의 십자가의 의미를 잠깐 살펴보겠습니다. 당시 국제 정치는 로마제국이 칼과 창으로 지배하는 상황이었습니다. 그런데 왜 메시아이신 예수님께서는 칼과 창이 아닌 십자가를 지셨습니다. 예수님께서는 "칼을 가진 자는 칼로 망할 것이다"(마 16:52)라고 말씀 하셨습니다. 예수님이 로마제국에 저항하는 방법은 창이 아니라 십자가였습니다. 로마의 권력과 예수님의 십자가는 철저하게 대조됩니다. 당시 십자가는 바로 죽음입니다.

예수님의 십자가는 모든 권력의 본질에 도전하는 것이었습니다. 세상나라의 가치관과 권력체계를 뒤집는 방법이었습니다. 예수님은 세상나라를 뒤집으러 오셨는데 오늘의 교회는 세상에 의해 오히려 뒤집혀 버렸습니다. 이 얼마나 안타까운 일입니까. 거기다 십자가를 단지 내면적, 개인적 영성으로만 이해하고 있는 것이 우리 한국교회 현실입니다.

십자가는 개인 경건성의 상징이 되어 버렸습니다. 세계적 신학자인 톰 라이트(N. T. Wright)가 말했듯이 "십자가는 우리의 개인적 구원을 위한 것이 틀림없지만 이것으로만 생각하면 십자가를 너무 제한적으로 생각하는 것입니다. 십자가는 로마의 권력과는 대조되는 힘이요, 이세상의 권력을 해체시키고 상대화 시키는 것입니다. 진정한 권력은 무력적인 힘이 아니라 십자가로 상징되는 낮아짐, 비움, 사랑, 섬김과 죽음입니다. 예수님의 십자가는 사랑으로 세상을 뒤집을 수 있다는 사실을 보여줍니다. 십자가형은 반란과 반항이 아무 소용없고 그 무서운 제국의 권력의 상징이었는데 예수 그리스도의 십자가, 즉 죽음, 비움, 섬김, 낮아짐으로 로마의 칼과 창을 이기셨습니다. 죽임당한 어린양이 이기셨다는 것을 가늠할 수 없는 역설이 아니라 의미심장한 선포입니다."[39]

"십자가는 그 통치의 절정이었으며 제자들은 이런 통치를 함께하도록 부르심을 받은 자들이었습니다. 예수님께서 십자가로 상징되는 새로운 윤리로 부르셨다는 사실, 즉 그는 근본부터가 철저히 다른 새로운 삶의 질서를 지닌 새로운 공동체를 창조함으로써 기존 사회를 위협한 사람이었고, 그가 진 십자가로 대변되는 새로운 삶의 방식과 윤리로 초대하신 사실을 알아야 합니다."[40]

4장. 용 서

"2006년 초가을 어느 날 온 세상 사람들의 눈과 귀는 미국 펜실베니아 랭커스터에 있는 아미쉬(Amish) 공동체 마을에 쏠렸다. 그 옛날 니켈 탄광이 있었던 평화로운 작은 마을에 있는 아미쉬 공동체 학교에서 벌어진 총기 사건이 벌어진 후 총기사건이 타전된 직후였다. 수업 중이던 아미쉬 스쿨에 침입한 범인이 아미쉬 소녀 10명에게 총을 난사하여 다섯 명을 죽게 하고 나머지 다섯 명에게 중상을 입힌 충격적인 사건이었다. 사건 직전 일주일 사이에 다른 지역에서 이미 두 차례의 학교 총기 사건이 보도된 바 있을 정도로 미국 내에서 벌어지는 총기 사건의 하나로 본다면 그리 놀라울 일도 아니었다. 하지만 세상 사람들은 무엇보다도 먼저 폭력과 범죄가 없다는 이 땅위에 최후의 안전지대로 인식되었던 아미쉬 마을까지 총기사고가 발생했다는 점이었다. 그리고 총을 난사한 범인이 아미쉬 아니고 아미쉬 마을 낙농가를 대상으

로 우유를 수거해온 공동체 바깥의 트럭 운전사였다는 점과 동기
와 목적이 모호한 가운데 아미쉬 소녀들 만을 대상으로 치밀한
사전 준비를 하여 이루어진 배경이 있다는 사실에 많은 사람들
은 망연자실 할 수밖에 없었다. 사건을 통해 세상 사람들이 받은
충격은 거기에 그치지 않았다. 총기 사건으로 어린 피붙이를 잃
은 아미쉬 유족과 공동체 사람들이 직각적인적 반응과 의연한 대
처였다. 용서, 그 모든 것은 이 한마디로 집약 되었으며 즉각적
이고도 조건없는 용서가 그들이 보인 유일한 반응이었다. 그리
고 용서가 남을 위한 것이 아니고, 스스로의 아픔을 이기는 최선
의 치유책이라는 것을 온 세상 사람들에게 행동으로 보여 주었
다. 사고가 난 그날 해가 지기도 전에 아미쉬 유족과 공동체 대표
가 내비친 범인에 대한 즉각적인 조건 없는 용서, 어린 자녀들의
목숨을 앗아간 잔악무도한 범인의 장례식에 참석하여 명복을 비
는 아미쉬 공동체 사람들의 관용, 답지하는 성금을 가장을 잃은
범인의 유가족에게 먼저 할애해 달라는 간청과 범인의 미망인과
어린 세 유자녀를 초청하여 식사를 대접하며 위로의 시간을 가진
아미쉬 사람들의 자비, 사건 현장에서 밀착 취재를 통하여 이를
지켜 본 기자들마저 아미쉬 공동체 사람들이 자신의 이미지를 각
인하기 위하여 가식적인 행동을 한 것은 아닐까 하고 의심할 정
도였다고 하니, 타오르는 복수심에 대한 그 이상의 앙갚음을 찾
는데 더 익숙해진 일반인들에게는 경악이라는 말 외에 달리 표

현할 말이 없었다. 아미쉬가 보여준 것은 용서와 관용은 '믿음은 실천이었다.'[41]

어떤 기자가 아미쉬 노인에게 어떻게 아마쉬 사람들이 그런 일을 할 수 있었는지에 대해 물었을때 그는 그가 매일 주기도문으로 기도했으며 이 기도는 용서를 가르치고 있다고 말했습니다. 당시 TV기자들을 비롯하여 이런 상황에 대하여 보복하지 않는 그들을 비판하는 보도가 있었습니다. 우리 사회의 근간, 즉 보복적 앙갚음 위에 울려퍼지고 있습니다. 이 세상은 보복의 체계라고 생각하는 곳이며, "눈에는 눈"이라는 정의가 지배하는 곳입니다. 하지만, 간디는 "눈에는 눈은 전세계를 눈멀게 한다"고 했습니다.

우리가 앞장에서 본바와 같이 예수님의 십자가 대속을 통하여 죄 용서를 받았다면, 다른 사람의 죄를 언제나 용서할 마음을 마땅히 가져야 합니다. 용서의 문제는 하나님께서 우리를 값없이 용서해 주셨고 더불어 우리에게 용서하라고 말씀하셨기 때문입니다. 그러나 교회에서는 용서의 문제는 그 중요성에 비해 가르치지 않습니다. "용서를 인생이라는 칠판에 잘못 쓴 글자를 지워버리는 지우개쯤으로 생각하는 일부 기독교인들은 이런 생각을 끔찍하게 여길지 모릅니다. 예수님은 온 세상의 죄를 용서하기 위해 오셨습니다. 따라서 그리스도를 따르라는 부르심은 언제나 이웃들의 죄를 용서하는 일에 동참 하라는 요구입니다. 용서는 그리스도인이 감당해야 하는 의무이며 그리스도와 닮아가는 고난입니다."[42]

용서를 발견한 사람

정치학자인 한나 아렌트(Hannah Arendt)는 『인간의 조건』에서 "용서를 발견한 사람은 나사렛 예수다. 그가 종교적인 차원에서 죄를 발견하고 말했다는 사실이, 세속적 의미에서도 용서가 진지하게 취급될 필요가 없다는 것은 아니다. 이런 죄에 대한 생각은, 그리스인은 전혀 알지 못했던 지혜다. 하루에 7번씩 70번을 죄를 범하고도 나에게 용서 해달라고 말한다면 우리는 용서해야 할 것이다. 그런 면에서 예수는 훨씬 급진적이다. 용서는 보복의 정반대다. 보복은 죄에 대항하는 것이다."고 말합니다.[43] 그리스도인이 아닌 사람이 용서를 말하는 것은 아주 특별한 일입니다. 나는 이 글을 보고 큰 감명을 받았습니다. 첫째, 예수님께서 용서를 발견하신 분이요, 둘째, 그리스 즉 헬라인들은 용서를 몰랐다는 것이요, 실제로 그리스 사상가인 아리스토텔레스나 세네카는 용서를 몰랐습니다. 셋째, 용서는 매우 급진적이라는 사실입니다. 우리는 예수님을 통하여 값없는 은총, 즉 죄 용서를 받았습니다. 그러므로 이제부터는 댓가의 삶이 아니라 내가 가진 것을 값없이 나누어 주며, 우리 또한 마땅히 용서하는 삶을 살아야 합니다. 예수님은 죽을 수 밖에 없는 죄 많은 나의 죄를 용서해 주시기 위하여 성육신 하시어 이 땅에 오셨습니다. 오, 이 얼마나 놀라운 은총입니까! 세상에서 가장 어려운 일이 용서입니다. 말 하기는 쉬워도, 실천은 매우 어렵습니다. 아주 가벼운 손해를 끼친 이웃을 용서하기도 어려운데, 큰 손해를 끼친 이웃을 용서하는 일은 얼마나 어려운지 모릅니다.

예수님의 비유에서 "용서할 줄 모르는 종의 비유"를 살펴 보겠습니다.(마 18 : 21 – 35)

본문은 용서에 관한 예수님의 비유입니다. 마태복음에만 나옵니다. 이 비유를 말씀하시기 전, 베드로는 예수님께 몇 번이나 용서 할 수 있는지를 묻습니다. "주여, 형제가 내게 죄를 범하면, 몇 번이나 용서하여 주리이까? 일곱 번까지 하오리이까?"(21절) 우리나라에서도 삼세번이라는 말이 있드시, 그 당시 유대 사회에서는 최대 세 번까지는 용서할 수 있다고 합니다. 베드로가 이런 관행을 뛰어 넘어, 일곱 번을 말했을 때, 약간 으쓱하는 마음이 있었을 것입니다. 그런 베드로에게, 예수님은 일곱 번만이 아니라, 일곱 번을 일흔 번까지라도 용서해야 한다고 대답하십니다. '일곱 번을 일흔 번', 즉 '7 곱하기 70 은 490', 여기서 중요한 것은 490회 혹은 77배라는 숫자가 아닙니다. 완전 수 7이 연거푸 반복된다는 사실에서, 무제한성을 상징할 뿐입니다. 베드로가 이 말씀을 들었을 때 깜짝 놀랐을 것입니다. 상상을 초월한 말씀이기 때문입니다. 예수님은 용서에 제한이 없다는 사실을 강조하십니다. 예수님을 따르는 제자들은 어떤 상황이든지 항상 용서할 준비를 하고 있어야 한다는 교훈입니다. 용서는 베드로처럼 계산기를 두르려 횟수를 셈해서 하는 것이 아닙니다.

용서할 줄 모르는 종의 비유

베드로의 질문이 용서의 양(quantity)과 관련되어 있다면, 예수님의 비유는 용서의 질(quality)과 관계되어 있습니다. 참된 용서는 양으로 측정될 수 없고, 죽을 수밖에 없는 죄인을 용서하신, 하나님의 사랑과 은혜에 근거한 질적인 차원이 되어야 한다는 것입니다. 또한 베드로의 질문은 인간적인 관점에서 나온 것이라고 한다면, 예수님의 비유는 우리를 용서하시고, 우리의 이웃을 용서할 것을 요구하시는 하나님의 본성에서 나온 것이기도 합니다. 이 비유의 핵심은 단순합니다. 도저히 갚을 길이 없을 만큼, 천문학적인 빚을 진 사람이 왕의 은혜를 받아, 모조리 탕감(빚을 갚아주다) 받았습니다. 빚진 액수 전액을 무상으로 변제받았습니다. 그런데 이렇게 과분한 은혜를 입은 사람이 자기에게 작은 빚을 진 사람을 무자비하게 대합니다. 하나님 앞에 죽을 수밖에 없는 큰 죄를 저지른 우리가 하나님의 은혜로 용서받았습니다. 그런데 우리는 우리에게 약간의 잘못을 저지른 이웃을 용서할 줄 모릅니다. 이와 같은 모순과 불균형을 지적하기 위해 이 비유를 말씀하셨습니다.

이 비유의 내용을 요약하면, 채권자와 채무자의 관계 설정으로 시작되고 종결됩니다. 크게 세 장면으로 구성되는데, 채권, 채무의 관계가 교차합니다. 첫째 장면에서는 왕이 채권자이고, 종(편의상 甲)이 채무자입니다. 둘째 장면에서는 종(甲)이 채권자이고, 동료 종(편의상 乙)이 채무자가 됩니다. 셋째 장면에서는 채무자(甲)가 채권자인 왕 앞에 재소환 되어 심판받습니다.

> "그러므로 천국은 그 종들과 결산하려 하던 어떤 임금과 같으니, 결산할 때에 만 달란트 빚진 자 하나를 데려오매, 갚을 것이 없는지라. 주인이 명하여, 그 몸과 아내와 자식들과 모든 소유를 다 팔아 갚게 하라 하니, 그 종이 엎드려 절하며 이르되, 내게 참으소서 다 갚으리이다 하거늘, 그 종의 주인이 불쌍히 여겨 놓아 보내며, 그 빚을 탕감하여 주었더니"(23~27절).

어떤 왕이 신하들과 셈을 했습니다. 아마도 세금 계산을 한 것 같습니다. 고대 근동 지역의 왕들은 왕실의 신임을 받는 고위 신하들을 일정 지역의 책임자로 파견해서, 막대한 양의 세금을 징수한 뒤 일정 분량을 바치도록 했습니다. 아마도 비유 속에 나오는 왕은 이집트나 페르시아의 왕으로서, 농지세와 같은 세금을 지역 총독에게 요구한 것 같습니다. 여기 '종'이라는 표현은 꼭 노예만이 아니라, 고위 관료들을 지칭할 때에도 사용된 용어입니다. 이러한 해석은 이 종이 빚진 금액이 1만 달란트라는 사실에서 설득력이 있습니다.

갚을 수 없는 빚

1만 달란트라는 금액은 천문학적인 숫자이기 때문에, 고관대작 아니라, 그 누구도 갚을 길이 없는 액수였습니다. 본래 달란트라는 말은, 고대 근동 지역 여러 곳에서 무게를 재는 단위였습니다. 예를 들어 그레코로만 시대에 한 달란트는 42.5kg이었습니다. 그러다가 1세기 경, 한 달란트는 6천 데나리온에 상응하는 화폐 단위로 쓰이기 시작했습니다. 따라서 1만 달란트는 6천만 데나리온에 해당합니다. 1데나리온은 그 당시 보통 노동자의 하루 임금이었기 때문에, 만일 공휴일을 제외하고, 1년에 한 300일 정도 일을 한다고 가정 할 경우, 1달란트는 거의 20년 정도의 임금에 해당됩니다. 그러므로 1만 달란트는, 한 사람의 노동자가 20만년 동안 일을 해야 벌 수 있는 액수가 됩니다. 다르게 표현하면 20만 명의 1년 치 임금이라고도 할 수 있겠지요.

1만 달란트는 그 당시 유대 최고의 부자였던 헤롯 대왕도 지불할 수 없는 금액이었습니다. 유대 역사가 요세푸스(Josephus)에 따르면, 헤롯 대왕이 세상을 떠났을 때(B.C. 4년), 유대와 이두

메와 사마리아 전역에 부과된 1년 세금 총액이 600달란트 정도였고, 갈릴리와 베뢰아 지역을 합한 세금도 200 달란트를 넘지 않았습니다. 그렇다면 1만 달란트야말로, 참으로 기상천외한 액수가 아닐 수 없습니다! 예수님의 비유는 종종 과장법을 품고 있기 때문에, 1만 달란트라는 금액은 도저히 갚을 수 없는 액수를 나타내기 위해 상정한, 최고 단위의 금액이라고 봐야 할 것입니다. 실제로 1만은 오늘의 억이나 조, 경과 같이, 당대 최고의 수량이었으며, 달란트 역시, 고대 근동 지방 전역에 유통되고 있던 최고의 화폐 단위였습니다. 결국 1만 달란트라는 돈은 어린이들이 최고치를 말할 때 쓰는 "하늘만큼 땅만큼"과 비슷한 표현이라고 보면 됩니다.

1만 달란트라는 엄청난 빚을 진 종 갑(甲)이 임금에게 끌려나왔습니다. 아마도 홍수나 가뭄과 같이 큰 천재지변이 일어나, 지역 농민들에게 세금 징수를 못해서, 임금에게 바쳐야 할 몫을 바칠 수 없었다고 볼 수 있지요. 그는 심문을 받기 위해 왕 앞에 끌려나왔습니다. 왕은 그 종이 갚을 능력이 전무함을 알고, 그 종에게 자신과 아내와 자식들을 다 노예로 팔고, 전 재산을 팔아서라도 빚을 갚으라고 요구합니다. 이러한 이야기를 들은 유대인들은 즉각 비유 속의 주인공들이 이방인들이라는 사실을 알아챕니다. 왜냐하면 유대 율법은 인신매매를 해서라도, 부채를 해결하라는 규정이 없기 때문이지요. 무엇보다도 남편이 진 빚을 갚기 위하여, 때로 성폭력도 감수해야 하는 데, 아내를 노예로 팔라는 규정이 없습니다. 그러므로 비유 속의 주인공들은 이방인입니다. 그 당시 노예 한명을 사는데 비용이 5백-2천 데나리온 정도 되므로, 가족을 다 팔아봤자 1만 달란트, 곧 6천만 데나리온의 빚을 갚기에는 불가능합니다. 따라서 예수님이 여기에서 강조하시고자 하는 논점은 문자 그대로 왕이 자기와 아내와 자식들과 전 재산을 다 팔아서 빚을 갚으라고 독촉하는데 있는 것이 아니고, 종에 대한 왕의 분노가 그만큼 하늘을 찌를 듯 높다는 사실과, 설령 이렇게 비인간적인 일을 한다고 할지라도, 갚을 길이 없는 부채가 너무 크다는 것을 강조하시기 위한 것이라 볼 수 있습니다. 종이 왕 앞에 무릎을 꿇었습니다. "참아 주십시오. 다 갚겠습니다." 애원을 합니다. 도저히 갚을 수 없는 금액을 다 갚겠다는 말은 신뢰성이 떨어집니다. 지불 연기가 허용된다고 할지라도, 도저히 불가능한 말이지요! 바로 이 때, 왕이 특단의 결단을 내립니다. 27절에 보면, 왕은 그 종을 가엾게 여겨서, 그를 놓아주고, 빚을 없애 주었습니다. 1만 달란트의 빚을 모두 탕감시켜 준 것이지요.

백 일 동안의 품삯

두 번째 장면은, 채무자였던 종 갑(甲)이 채권자로 바뀝니다. 마치 먹이사슬의 관계처럼, 왕에게 엄청난 빚을 졌던 종 갑(甲)

에게, 비록 자기가 진 빚에 비교할 수 없는 적은 액수이기는 하지만, 빚을 받아내야 할 채무자 을(乙)이 있었습니다. 아마도 세금 관리를 맡긴 하급 관리에게 징세 독촉을 하는 장면으로 이해하면 좋을 것입니다. 28절에 보면, 종 을(乙)이 종 갑(甲)에게 갚아야 할 빚은 1백 데나리온이었습니다. 앞서 1데나리온은 은전으로서 일반 노동자의 하루 품삯이었습니다. 쉬는 날을 빼고 한 달에 25일 정도 일한다고 할 경우, 1백 데나리온은 4개월 정도의 임금에 해당됩니다. 종 갑이 왕에게 빚진 채무액과 종 을이 종 갑에게 빚진 채무액의 비율을 살펴보면 1만 달란트는 6천만 데나리온 정도가 되기에, 6천만 : 1백 = 60만 : 1의 비율이 됩니다. 종 을이 종 갑에게 빚진 액수는 종 갑이 왕에게 빚진 액수에 비하면, 60만분의 1밖에 되지 않습니다. 그럼에도 종 갑이 종 을을 어떻게 대했을까요?

그 종이 나가서, 자기에게 백 데나리온 빚진 동료 한 사람을 만나 붙들어 목을 잡고 이르되, 빚을 갚으라 하매, 그 동료가 엎드려 간구하여 이르되, 나에게 참아 주소서 갚으리이다 하되, 허락하지 아니하고, 이에 가서 그가 빚을 갚도록 옥에 가두거늘 (마 18:28-30)

본문에서 주목해야 할 사실은, 종 갑은 엄청난 빚을 탕감 받고

서도, 기쁨이나 감사가 전혀 없다는 것입니다. 제일 먼저 집으로 돌아가 아내와 자식들과 종들과 함께, 그 엄청난 빚을 탕감 받았다는 사실을 축하하고 감격해야 마땅하지 않습니까? 그러나 그는 풀려나자마자 빚쟁이부터 찾아가, 다짜고짜 멱살부터 잡습니다. 1백 데나리온의 돈을 갚으라고 윽박지르는 것이지요. 한 마디로 말해서, 그는 엄청난 용서를 경험하고서도, 거기에 대한 감격이 전혀 없습니다! 여기서 중요한 것은 1만 달란트와는 달리 1백 데나리온은 지금 당장이 아니라, 시간적인 여유만 허락한다면, 얼마든지 갚을 수 있는 작은 액수라는 사실입니다.

　종 을은 종 갑이 채권자인 왕에게 했던 것과 마찬가지로 엎드려 간청합니다. "제발 참아주게. 내가 갚겠네." 종 갑이 임금에게 간청했을 때와 아주 비슷한 광경입니다. 다만 한 가지, 그 때에는 종 갑이 다 갚겠다고 호언장담을 했습니다. 도저히 갚을 수 없는 금액을 다 갚겠다고 큰 소리를 쳤던 것이지요! 그런데 종 을은 '다'라는 말을 빼고, 그냥 갚겠다고 말합니다. 훨씬 더 실현 가능성이 있는 청원이지만 종 갑은 듣지 않습니다. 비유를 듣고 있던 사람들은 누구나 다 종 갑이 종 을의 간청을 들어주어서 전액 탕감을 해주거나, 지불 연기를 해줄 것을 기대했는데, 종 갑의 태도는 적반하장이었습니다. 그의 간청을 외면하고, 빚진 돈을 다 갚을 때까지 감옥에 갇혀 있게 만들었습니다. 사람들은 일제히 종 갑에 대해서 분노했습니다.

  31절에 보면, 종 갑이 종 을을 험하게 다루는 광경을 보고서는 매우 딱하게 여긴 나머지, 왕에게 가서 다 일러바칩니다. 왕이 종 갑을 즉각 소환합니다. 다시 채권자와 채무자의 원 상태로 돌아가 엄명을 내립니다. "이에 주인이 그를 불러다가 말하되, 악한 종아, 네가 빌기에 내가 네 빚을 전부 탕감하여 주었거늘, 내가 너를 불쌍히 여김과 같이 너도 네 동료를 불쌍히 여김이 마땅하지 아니하냐 하고, 주인이 노하여 그 빚을 다 갚도록, 저를 옥졸들에게 넘기니라"(32-34절) 왕이 진노해서 종 갑을 불러 들여, 먼저 '악한 종'이라고 말하면서, 엄청난 빚을 탕감해준 사실을 되새깁니다. 그러면서 "내가 너를 불쌍히 여긴 것처럼, 너도 네 동료를 불쌍히 여겼어야 할 것이 아니냐?" 하며 호통을 칩니다. 여기 '불쌍히 여긴다'는 말은 용서의 본질입니다. 이것은 35절의 '마음으로부터'라는 말과도 일맥상통하는데, 용서는 법이나 정의의 분배로부터 오는 것이 아니라는 말이지요. 왕은 종 갑을 불쌍히 여겨, 순전히 자비심 하나로, 도저히 갚을 수 없는 빚을 변제해주었는데도, 그 불쌍히 여김을 이웃에게 보이지 않았다는 사실을 책망하는 것이지요. 결국 임금의 진노로 인해, 종 갑은 형무소 관리, 즉 매질과 같은 갖가지 고문을 가하는 사람에게 넘겨진 채 1만 달란트의 빚을 갚을 때까지, 옥에 갇혀 있어야만 했습니다. 1만 달란트는 그 누구도 갚을 수 없는 금액이기에 결국,

그는 감옥에서 죽었겠지요.

용서의 감격

이 비유의 해석은 어렵지 않습니다. 우리는 '왕 = 하나님', '종 갑 = 우리', '종 을 = 우리의 이웃', '1만 달란트 = 우리가 하나님께 범한 죄', '1백 데나리온' = '이웃이 우리에게 범한 죄'로써 각각 해석하면 됩니다. 이 비유를 이해함에 있어서, 히브리적 표현으로 빚과 죄, 빚의 탕감과 죄의 용서가 똑같은 용법으로 쓰였다는 사실을 주목해야 합니다. 그래서 주기도문에, "우리가 우리에게 죄지은 자를 사하여 준 것같이, 우리 죄를 사하여 주옵시고."라는 구절을 원문 그대로 직역하면, "우리가 우리에게 빚진 자를 탕감해준 것 같이, 우리 빚을 탕감해 주옵시고"가 됩니다.

우리는 앞장들에서도 살펴본 바와 같이 하나님께 도저히 씻을 수 없는 죄를 지었습니다. 비유 속의 종 갑이 자신과 아내와 자식들과 모든 소유를 다 팔아도 갚을 수 없는 빚을 졌듯이, 우리 역시 하나님께 큰 죄를 지은 죄인입니다. 하나님께서 우리를 불쌍히 여기셔서, 순전히 하나님의 자비와 사랑 때문에, 우리 죄는 다 용서받았습니다. 문제는 이 엄청난 용서를 받은 우리가 이웃의 작은 잘못을 용서하지 않는다는 현실입니다. 비유는 용서를 받았지만, 용서의 감격이 없기 때문에, 그 받은 용서를 이웃에게 확대시키지 않는 인간의 무자비한 현실을 고발하고 있습니다. 더욱이 비유에서 종 을은 종 갑에게, 자신이 진 빚의 전액을 탕감해달라는 요구를 한 것이 아니라, 지불 기간을 연장해달라고 사정 했습니다. 얼마든지 들어줄 수 있는 사정이었지만, 종 갑이 외면했다는 말이지요. 자신이 하나님으로부터 받은 놀라운 용서와는 너무나 대조되는 무자비한 행위이지요. 용서할 줄 모르는 종의 비유 역시, 하나님 나라에 관한 비유입니다. 하나님 나라를 산다는 것은 용서 받고 용서하는 나라입니다. 하나님나라 시민은 먼저 하나님으로부터 크고 놀라운 용서를 받습니다. 그 용서를 진실로 체험하고 감격하는 사람만이 이웃에게 용서를 베풀 수 있습니다. 하나님의 용서와 사랑이 항상 우리의 용서와 사랑에 앞섭니다. 하나님이 인간을 다스리시는 척도는 은혜와 정의입니다. 그러므로 이제 본문 35절의 결론으로 주시는, 주님의 경고 말씀을 마음에 새깁시다.

너희가 각각 마음으로부터 형제를 용서하지 아니하면, 나의 하늘 아버지께서도 너희에게 이와 같이 하시리라. (마태 18:35)

이웃을 용서하는 사람은 사랑과 정의로, 이웃을 용서하지 못하는 사람은 심판으로 다스리신다는 것입니다. 이 비유를 들을 때, "종 갑이 바로 나구나!" 하는 사실을 깨닫는 사람은 복이 있습니다. 이 비유는 마치 다윗 왕이 우리아의 아내 밧세바를 범한 뒤, 황금 침상에 누워있을때 다윗 왕에게, 나단 선지자가 들려준 비유를 연상케 합니다.(삼하 12:1~7) 처음, 많은 가축들을 거느린 부자가 가난한 사람이 애지중지하는 한 마리의 양을 강탈했다는 비유를 들은 다윗은 분개했습니다. 그런 일을 한 사람은 죽어야 마땅하다고 펄쩍 뛰었습니다. 바로 그 순간, 나단은 "임금님이 바로 그 부자와 같은 사람이오(삼하 12:1~6)"라고 용감하게 말했습니다.

우리에게는 용서받지 못할, 큰 죄에 대해 하나님의 놀라운 용서를 받고서도, 이웃이 끼친 작은 잘못을 용서하지 못하고, 분개하고 보복하는 우리 자신의 모습이 있습니다. 우리가 이웃을 용서하지 못하는 데에는 두 가지 중대한 이유가 있습니다. 첫째, 우리가 하나님께 범한 죄악들이 1만 달란트와 마찬가지로, 그 어떤 방법으로도 용서 받을 길이 없다는 사실을 깨닫지 못하기 때문입니다. 둘째로, 종 갑과 똑같이 엄청난 빚을 탕감 받았음에도 불구하고, 용서받은 기쁨과 감격이 전혀 없기 때문입니다. 어떤 의미에서, 종 갑이 종 을에게 모질게 구는 이유는 아직 진정한 의미에서의 용서를 경험하지 못했기 때문입니다. 그는 왕에게 빚을 탕감 받은 기쁨과 감격과 감사를 체험하지 못했습니다. 그는 하나님의 은혜를 체험한 바가 없기 때문입니다.

"용서는 정의나 법에 의거해 일어나는 사건이 아니라 순전히 사랑과 자비와 은혜 때문에 일어납니다. 정의와 법대로 한다면, 종 갑은 그와 온 가족과 더불어 죽어야만 합니다. 종 갑은 자신의 빚짐(indebtedness)과 탕감(forgiveness)이 파워 게임에서 일어난 것으로 생각했습니다. 그냥 임금이 그만한 일도 할 수 있는 권력을 가졌기 때문에, 법적인 권세를 휘둘러 그렇게 했다고 믿은 것이지요. 그는 죽을 수밖에 없던 자신이 순전히 왕의 자비와 은혜로 다시 살아났다는 사실을 깨닫지 못했습니다. 자신이 진 빚의 탕감이 나는 새도 떨어뜨리는 왕의 권력으로부터 비롯된 것이 아니라, 자신을 불쌍히 여기는 왕의 마음 깊은 곳 사랑에서부터 흘러나온 것임을 깨닫지 못했다는 말이지요. 또한 이 본문이 말하고 있는 것은 하나님은 보답이나 선물을 받으시지 않고 용서하시지만 우리가 우리에게 죄지은 사람들을 용서하지 않을 때 용서를 철회 하실 수 있다는 사실을 보여 주기도 합니다.

우리는 우리에게 죄지은 자를 용서할 때만 하나님의 용서를 받습니다. 크리스터 스텐달(Krister Stendahl)은 우리의 기도의 능력이 용서의 실천에 달려 있다고 말합니다. 우리가 용서하면 우리도 용서받을 것입니다. 그러나 우리가 용서하지 않으면 우리도 용서받지 못할 것입니다. 하나님께서는 회개하는 자들을 용서하십니다. 그러나 이어서 우리가 우리에게 빚진 자를 용서하고 자유롭게 할 것을 명하십니다. 인생의 너무나 많은 부분 곧 결혼,

양육, 국제관계 등에 있어 용서하지 않음으로 얼마나 자주 하나님나라가 전진하지 못하고 막히고 있다는 것을 모르고 있습니다. 하나님 나라의 백성은 용서하지 않은 원한을 가방에 넣고 다니지 않습니다.[44]

예수님 께서는 죄의 권세가 인간의 삶을 사로잡는 악순환에 대하여 대단히 현실적인 태도를 보이셨습니다. 두말할 것 없이 우리는 하나님과 이웃에게 죄를 짓습니다. 우리의 이웃 또한 우리에게 죄를 짓습니다. 하나님의 임재의 빛 안에서 우리가 얼마나 이기적이고 불성실하고 적대적이고 탐욕적이고 화를 잘 내며 복수하려하고 증오하며 정욕적이고 위선적이며 허세를 떨고 염려하며 교만하고 진실하지 못한 것을 깨닫습니다.

이슬람교를 믿는 터키 군인들이 기독교를 믿는 아르메니아의 한 마을을 급습해서, 수많은 사람들을 학살했습니다. 터키의 한 장교가 부하들을 인솔해 아르메니아의 한 가정을 약탈했습니다. 늙은 부모를 자식들이 지켜보는 가운데 죽였으며, 딸들은 부하들에게 노리개 감으로 주었습니다. 그리고 자신은 제일 큰딸을 차지해서, 무자비하게 성폭행을 했습니다. 얼마 후 이 큰딸은 기적적으로 탈출해서 간호사가 되었습니다. 세월이 꽤 흐른 후, 이 여인은 부상당한 터키 군인들 보살피는 병동에서 일하게 되었습니다. 어느 날 밤 병원에 후송되어 온 군인 한 사람을 열심히 간호하다 보니 자기와 가족들에게 씻을 수 없는 치욕과 고통을 안

겨다 준 바로 그 터키 장교라는 것을 알게 되었습니다. 그 장교는 간호사의 도움 없이는 곧 죽을 수밖에 없는 상황에 처했습니다. 그러나 간호사는 정성을 다해서, 자기에게 지옥 같은 고통을 안겨주었던 그 장교를 치료해주었습니다. 드디어 그 터키 장교의 의식이 돌아왔을 때, 간호사 옆에 서 있던 의사가 말했습니다. "이 간호사의 정성어린 간호가 없었더라면, 당신은 죽었을 것이오." 장교가 간호사의 얼굴을 쳐다보았습니다. "우린 어디선가 만났던 사이 같은데, 당신은 왜 나를 죽게 내버려두지 않고 살려주었소?" 간호사가 대답했습니다. "나는 '네 원수를 사랑하라'고 가르쳐 주신, 예수 그리스도를 따르는 사람이기 때문입니다."[45] 향나무는 자기를 찍는 도끼날에도, 향을 묻힌다는 말이 있습니다. 오늘 우리를 억울하게 만들고, 상처를 입힌 모든 이들을 너그럽게 용서해야 합니다. 그리할 때, 우리가 살고 평화가 있습니다. 무엇보다도 하나님 나라의 백성이 될 수 있습니다. 하나님 나라의 제일가는 자격은 용서에 있습니다. 인간의 용서는 하나님의 용서에 뿌리박고 있습니다. 하나님으로부터 용서는 받았으나, 이웃을 용서할 줄 모르는 사람은 하나님 나라의 시민이 될 수 없습니다. 오늘 우리가 하나님 나라 시민이 되길 원한다면, 우리의 죄를 용서하시는 하나님의 사랑을 본받아 이웃을 용서해야 합니다!

용서, 새로운 출발

어니스트 헤밍웨이가 쓴 『세상의 수도』라는 단편 소설집에서 나오는 내용입니다. 마드리드에서는 '파코'라는 이름을 쓰는 소년들을 흔하게 볼 수 있습니다. 우리나라로 말하면 김씨, 이씨, 박씨들을 말하겠지요. '파코'라는 이름은 프란체스코라는 이름의 애칭이지요. 마드리드에는 한 아버지에 얽힌 우스개 이야기가 회자되고 있었습니다. 그 아버지는 마드리드로 가서 개인잡지에 광고 한 편을 게재합니다. "파코야, 화요일 정오에 몬타나 호텔에서 만나자. 다 용서했다 아빠가." 이 광고를 보고 파코라는 이름을 가진 800여명의 젊은이가 모여들었고, 그들을 해산시키기 위해 구아르디아 민간 기병대를 호출 할 정도 였습니다. 이 우스개 이야기는 스페인 어디서나 접할 수 있는 '파코'라는 이름에 얽힌 이야기 입니다. 그러나 이 이야기가 설득력을 갖는 이유는, 아들이든 딸이든, 어머니이든 아버지이든, 친구이든 동료이든 간에 용서받고 싶어 하는 수많은 사람들의 갈망을 저변에 깔고 있기 때문입니다. 우리가 용서를 갈망하는 것은, 우리가 관계를 소중히 여기기 때문입니다. 그리고 우리는 용서 없이는 관계가 개선될 수 없다는 사실을 잘 알고 있습니다.

관계를 개선하기 위해서는 용서가 필요하다니, 왜 그럴까요? '누군가가 다른 누군가를 부당하게 대할 때, 우리는 그 모습을 보고 상황을 어떻게 처리해야 하는가?'라는 근본적인 물음에 답

해야 하기 때문이다. 부당한 대우는 관계를 어그러뜨리고, 아예 망가뜨릴 수도 있습니다. 친구가 우리를 배신하면, 우리는 실망을 경험하고 손해를 입고 훨씬 심각한 해를 입을 수도 있습니다. 아버지에게 학대를 당한 아이는 남은 생애 내내 마음의 상처를 지니고 살게 될지도 모릅니다. 우리는 인종적 폭력의 소용돌이에 휩싸여, 어엿한 사람이라면 생각지도 못할 짓을 우리의 이웃에게 했습니다. 우리가 용서를 소중히 여기는 것은 그 때문입니다. 그러나 용서를 실천하는 것은 쉬운 일이 아닙니다. 용서해야 하는 이유를 알지 못할 때도 종종 있습니다. 혹은 용서하고 싶어 하면서도 용서할 수 없는 것처럼 보일 때도 있습니다. 기껏 용서했는데, 우리의 용서가 거부되고, 관계가 훨씬 심각하게 손상될 수도 있습니다. 우리는 이렇게 생각할지도 모릅니다. 한번 실행에 옮겨진 행위를 거두어드릴 수 없는 이유는 간단합니다. 영사기와 달리, 우리의 인생에는 "되감기" 버튼이 없기 때문입니다. 시간 역시 되감을 수 없습니다. 우리는 그저 시간 속에서 살아갈 뿐이다. 우리는 시간의 화살을 붙잡을 수 없고, 형편이 좋을 때에도 그것을 되돌릴 수 없습니다. 우리의 간절한 바람과 달리, 시간은 그저 달려갈 뿐입니다. 시간이 다하는 날까지, 우리는 새로운 행위를 실행에 옮길 수는 있어도 이미 실행에 옮긴 행위는 거두어드릴 수 없습니다. 용서를 필요로 하는 것은 그 때문입니다."[46] 주님께서 우리를 용서해 주신 것처럼 용서를 통해 그들의 잘못된 행위에서 해방시켜 주게 됩니다. 용서는 위반, 비행, 위법행위, 범칙행위, 부채 등으로 피해를 당한 자가 하는 것입니다.

삼각관계

용서가 두 당사자, 곧 용서하는 쪽(피해자)과 용서받는 쪽(가해자)에 국한 된 것 만은 아닙니다. 그리스도인들에게 용서는 일반적인 베풂과 마찬가지로 언제나 삼각관계 속에서 이루어집니다. 하나님을 빼 보십시오. 그러면 용서의 토대가 불안정하게 되고 심지어 무너지고 말 것입니다. 하나님과 용서의 관계는 하나님과 일반적인 베풂의 관계와 비슷합니다. 하나님은 용서하시는 하나님이십니다. 우리가 서로 용서하는 이유는, 하나님이 우리를 용서하셨기 때문입니다. 우리가 하는 용서는 하나님이 하시는 용서의 메아리입니다. 우리가 하는 용서를 이해하려면, 하나님이 하시는 용서에서 시작해야 합니다. "우리가 우리에게 용서해 준 것 같이…."[47]

사도 바울은 하나님에게서, 맹목적으로 사랑하는 할아버지가 보이는 것과는 전혀 다른 행동과 태도를 찾아냅니다. 그는 하나님의 '심판', '정의', '진노'를 거침없이 말합니다.

하나님께서 악행을 정죄하시는 것은 당연하다고 생각한다면 하나님의 정죄를 극악한 범죄에만 한정되는 것은 아닙니다. 그

경계선을 어디에 둘 것이며, 어떤 근거로 그을 수 있겠습니까? 정죄 받아 마땅한 것은 모두 그 위반 정도에 따라 정죄 받아야 할 것입니다. 사소한 잘못에서 살인에 이르기까지, 게으름에서 우상숭배에 이르기까지, 욕심에서 약탈에 이르기까지 모든 잘못이 정죄되어야 할 것입니다. 경범죄는 제외하고 극악한 범죄만 정죄하는 것은 불공정한 일입니다. 정도가 어떠하든 범죄는 범죄이고, 따라서 정죄되어야 마땅하기 때문입니다. 우리가 사는 온 세상이 "하나님 앞에서 유죄"(롬3:19)라고 생각한다면, 중요한 것은 그 결론입니다. 즉, 악이 그토록 만연해 있다면, "율법의 행위로 하나님 앞에서 의롭다고 인정받을 사람이 아무도" 없는 것입니다.(롬3:20) 모든 사람이 정죄를 받습니다. 하나님이 우리를 정죄하신다면 결백한 사람은 하나도 없습니다!

그렇다면 우리는 무자비한 재판관으로 그려진 하나님의 이미지로 후퇴할 것인가요? 앞서 말했듯이, 하나님은 맹목적으로 사랑하는 할아버지가 아닙니다. 하나님은 나무랄 만한 모든 것을 나무라는 분이십니다. 하지만 그분은 무자비한 재판관이 아니십니다. 하나님이 무자비한 재판관이시라면, 그분은 속속들이 악에 물든 세상을 정죄하는 것은 물론이고 세상은 송두리째 파괴되고 말 것입니다. 그러나 하나님은 세상을 사랑하십니다.

이런 일을 행하는 자를 판단하고도 같은 일을 행하는 사람아 네

가 하나님의 판단을 피할 줄로 생각하느냐 혹 네가 하나님의 인
자하심이 너를 인도하여 회개케 하심을 알지 못하여 그의 인자하
심과 용납하심과 길이 참으심의 풍성함을 멸시하느냐 (롬2:2-5)

신성 안에서 영원토록 돌고 돌던 은혜가 밖에 있는 모든 피조
물에게도 넘쳐 흐르게 되었습니다. 인간의 죄가 없었다면, 하나
님이 하실 일은 그게 전부였을 것입니다. 불가해한 침입자인 죄
가 세상 속으로 들어와 피조물을 해치고 하나님을 모독했습니
다. 그리고 베푸시는 하나님은 용서하시는 하나님이 되셨습니
다. 하나님께서 베풂을 통해 세상을 창조하신 것도 사랑 때문이
었고, 용서를 통해 피조물을 치유하신 것도 사랑 때문이었습니
다.

사랑이 자신의 안녕이나 가해자의 안녕을 증진시키는 인과적
효과를 기대할 수 없을 때 조차도 용서해야 합니다. 타인을 배려
하는 방식으로서의 용서는 용서를 해내기 어렵습니다. 그것은
자연스러운 반응이 아닙니다. 자연스런 반응은 분노를 품는 것
복수를 하는 것입니다. 그러나 예수님은 악을 악으로 갚아서는
안 된다고, 되갚음과 앙갚음과 상황을 바로잡음과 손해는 손해
로, 해는 해로, 악에는 악으로 균형을 맞춘다는 생각을 중단해야
한다고 가르칩니다.[48]

하나님은 말로만 "내가 너를 용서한다"고 하지 않으십니다.

하나님은 우리를 용서하실 때 예수 그리스도를 속죄제물로 주셨습니다. 사도 바울은 로마교회 신자들에게 보내는 편지에서 "우리가 하나님의 원수로 있을 때, 그분의 아들의 죽으심으로 하나님과 화해하게 되었습니다."(롬5:10)라고 말했습니다. 용서는 그리스도의 죽으심을 통해서 일어난 것입니다. 오랫동안 예수 그리스도의 희생과 죽으심을 "속죄"라고 말했습니다. 말하자면 정의의 요구가 충족될 때에만 하나님께서 용서하신다는 것입니다. 죄의 책임을 우리에게 돌리지 않으시는 것은 무엇 때문일까요? 하나님은 어떻게 자신의 정의를 "충족"시키셨습니까? 하나님은 죄를 용서하는 권한이 어디에 근거하고 있을까요? 하나님의 아들 그리스도께서 우리를 대신하여 우리의 모든 죄를 짊어지셨습니다. 그분은 우리의 죄를 대신할 영원한 속죄제물이 되심으로써 우리를 하나님 아버지와 화해시키신 분입니다. 하나님께서 용서하시는 것은 예수님께서 십자가에 죽으심으로 우리의 빚을 갚아 주셨기 때문입니다. 예수님께서는 우리를 대신하여 유죄판결을 받으신 것입니다. 그것을 가리켜 대속(代贖, 대신 죽으심)이라고 부릅니다.

그리스도께서 고난을 겪으신 것은, 하나님께서 우리를 사랑하신 나머지 우리의 죄 짐을 없애 주려고 하셨기 때문입니다! 과연 그것이 공정한 것일까요? 사도 바울이 말한 대로, 하나님은 아들을 '내어주심'으로 아들을 학대하신 것이 아닐까요? 대속은 죄 없으신 그리스도께 악행을 가하는 것이 되지 않을까요? 한 악행이 다른 악행을 어찌 치료할 수 있을까요?

사도 바울은 이렇게 말합니다. "하나님께서는 사람들의 죄과를 따지지 않으시고, 세상을 그리스도 안에서 자기와 화해하게 하셨습니다."(고후5:19) 그리스도 안에 계신 하나님께서 "세상을 자기와 화해하게" 하신 것입니다. 하나님께서 죄를 모르는 분에게 죄를 씌워서, 우리를 하나님의 의가 되게 하셨습니다. 그리고 의인으로 불러 주셨습니다. 또한 "용서는 우리의 건강에도 도움이 됩니다. 어떤 일에 대해서 정말로 잊어버릴 수는 없다고 말하는 사람이 있습니다. 우리가 할 수 있는 최선은 고통 없이 그 일을 상기할 수 있을 정도로 그 일과 친해지는 것입니다. 그러므로 치료에 도움이 될 수 있는 안전한 관계를 맺기 위한 첫 번째 단계는 저질렀던 죄를 기억하는 것입니다. 그런 후에 필요한 것이 바로 분노입니다. 죄를 재판하고 고발하는 것이 필요한 것처럼 분노 또한 필요합니다. 하지만 일정한 정도를 넘어서면, 다시 말해 오랫동안 분노에 집착할수록, 더 오랫동안 계속해서 자기 자신에게 상처를 줄 것입니다. "놀랍게도 용서의 과정은 이기적으로 이루어지기도 합니다. 다른 사람들을 용서하는 이유는 그 사람들을 위한 것이 아닙니다. 그들은 자신들이 용서를 받을 필요가 있다는 것을 알려고 하지도 않을 것이며, 자신들의 잘못을 기억하려고 하지도 않을 것입니다. 이런 사람들은 '네가 그 일을 꾸며낸 거지'라고 말하기 십상입니다. 이들은 심지어 무감각할 수도 있습니다. 우리가 용서를 하는 까닭은 우리 자신을 위해서입니다. 왜냐하면 치료에 도움을 주는 정도를 넘어 분노에 집착하게 되면, 우리는 성장을 멈추고 영혼은 오그라들기 때문입니다."[49]

자크 데리다의 용서

"프랑스의 해체철학자인 자크 데리다.(Jacques Derrida, 1930~2004)는 용서는 오직 용서할 수 없는 것만을 용서할 수 있다"고 말합니다. 만일 용서라는 게 있다면 오직 용서할 수 없는 것이 있다는 것을 말합니다. 용서는 오직 불가능을 행하기 위해서만 가능할 수 있다고 했습니다. 얀켈레비치는 자기 스스로 '철학 책'이라고 명명했던 대표작 『용서』에서 절대적인 용서의 개념에 대해 훨씬 호의적이던 것을 알고 있기에, 그는 유대-기독교적인 영감을 주장했습니다. 윤리 너머의 윤리, 바로 거기가 찾을 수 없는 용서의 장소라고 했습니다.

죄인이 참회하고, 행실을 고치고, 용서를 구하고, 따라서 새로운 약속에 의해 변화된다는 조건, 그리하여 그가 더 이상 이전에 죄를 범했던 사람과 전적으로 동일한 사람이 아니라는 조건에서만 용서를 한다고 생각해봅시다. 이 경우에도 여전히 용서를 말할 수 있을까요? 그것은 양측 모두의 입장에서 너무 쉬운 일입니다. 왜냐하면 죄인 그 자체가 아닌 다른 사람을 용서하게 되기 때문입니다. 용서가 존재하려면 죄와 죄인이 죄악 그 자체로서 불가역적으로 남아 있어서 전환도, 개선도, 뉘우침이나 약속도 없이 여전히 다시 반복되는, 그래서 용서할 수 없는 그 지점에서 용서해야만 하는 것 아닐까요? 용서라는 이름에 합당한 용서가, 만일 그런 것이 존재한다면, 그것은 용서할 수 없는 것을 조건 없이 용서하는 것이라고 하지 않을까요?[50)

예수님은 용서에 있어 가해자의 회개 같은 '전제조건'을 절대화하지는 않습니다. 예수님은 자신을 못 박은 병사들을 위해 "하나님이여, 저들의 죄들을 용서하소서, 왜냐하면 저들은 자신들이 무엇을 하는지 모르기 때문입니다"(눅23:34)라며 십자가 선상에서 병사들을 위한 용서를 요청하셨습니다. 이는 자신들의 행위가 어떤 의미를 지니는지 알지 못하는 이들도 용서의 대상으로 간주하는 예수님의 용서가 얼마나 포괄적인 범주에 있는지를 드러냅니다. 사실 인간은 일상적으로 다른 사람들에게 크고 작은 잘못을 저지릅니다. 누군가 저지른 잘못에 대한 피해자가 되었다면 그가 가해자에게 보일 수 있는 태도는 두 가지입니다. 하나는 복수이며, 또 하나는 용서입니다. 동일한 상황에서 사람들이 보이는 이 두 가지 각기 다른 반응은 정반대 결과로 나타납니다. 복수는 잘못에 즉각적으로 반응하면서 가해자에게 동일한 피해를 주겠다는 의도로 하는 행동입니다. 즉 피해자는 자신이 입은 피해를 근거로 이번에는 가해적 행위를 정당화합니다. 결국 복수는 잘못된 상황의 종식이 되지 못하고 가해자와 피해자 모두가 끝나지 않는 '복수의 사슬'로 얽어맵니다. 이렇게 해서 피해자는 가해자가 되고 가해자는 피해자가 되면서 '복수의 반복'이 이어집니다. 복수가 반복되면 결국에는 두 사람 모두 그 잘못된 상황에서 자유로워질 기회를 상실합니다. 이러한 '복수의 연쇄 반응'은 매우 파괴적 결과를 낳습니다. 당사자는 물론 주변 사람들, 그들이 속한 공동체, 나아가 사회에 복수의 감정을 확산함으로써 관계의 파괴를 가져오는 것입니다. 인간은 수많은 잘못을 저지를 수 있는 유일한 존재입니다. 복수를 선택한다면 끊임없이 '새로운 존재'로 다시 시작해야 하는 인간이라는 사실을 근원적으로 부정하는 것입니다.

이러한 의미에서 볼 때 예수님은 용서는 선택이 아니라 인간의 의무라는 것을 분명히 합니다. 용서는 인간이 스스로의 파괴성에서 벗어날 가능성이며, 새롭게 시작할 시간과 공간을 확보해 주기 때문입니다. 이러한 용서의 가능성 속에서, 인간은 자신이 불완전한 존재로서, 다른 사람에게 잘못을 저지를 수 있듯이 자기 자신도 언제나 잘못을 저지를 수 있는 존재임을 인정하게 됩니다. 이를 인정함으로써 인간은 불완전하고 잘못을 저지를 수 있는 부정적 존재로 자기 규정하는데서 벗어나 언제나 새롭게 시작할 수 있는 '새로운 존재'로 재탄생하게 됩니다. 예를 들면 예수님께서 말씀하시는 '탕자의 비유'에는, 아버지의 용서와 함께 새로운 삶으로 들어가는 한 아들이 등장합니다. 아버지께 물려받을 유산을 미리 달라고 해서 집을 떠난 아들은, 결국 돈을 탕진하고 거지꼴로 돌아옵니다. 집에 돌아온 아들을 맞이하는 아버지는 일절 아들에 대한 질책이나 추궁을 하지 않습니다. 아버지는 두 팔 벌려 '탕자'를 환영하고 따스하게 맞으면서, 새로운 삶의 시작을 축하하는 잔치를 벌입니다. 예수님은 이 '탕자' 이야기를 통해 용서가 어떻게 한 존재에게 새로운 가능성의 문을 열게 하는지 보여줍니다.

앞서 말한 것처럼 용서는 '아브라함 종교'라고 불리는 유대교와 기독교의 근간을 이루는 중요한 개념입니다. 이러한 종교적 전통은 용서의 두 가지 상충되는 의무를 예시합니다. '무조건적 용서'를 명하는 한편 죄지은 사람들의 회개, 잘못의 인정, 새롭게 변하겠다는 약속을 요구하는 '조건적 용서'를 천명하는 것입니다.

"인간은 그 유한성으로 인해 필연적으로 다른 사람들에게 잘못을 저지릅니다. 인간으로 태어났다는 것은 이미 무수한 오류와 잘못을 저지를 가능성에 노출된 존재로 태어났다는 것을 의미합니다. 인간의 마음은 자신의 한계성과 불완전함을 알고 있습니다. 만약 인간은 이처럼 알게 모르게 무수한 잘못을 하고 오류를 범하는 존재라면 '무한한' 용서는 도대체 누구를 위한 것이며, 가능하기나 한지 의문이 생깁니다. 실상 이러한 용서의 '무한성'은 피해자와 가해자 모두의 '자유'를 위한 것입니다. '복수의 사슬'은 누구에게도 도움이 되지 않으며, 오히려 장기적으로 보면 가해자와 피해자는 물론 주변 사람들과의 모든 관계를 파괴합니다. 예수님은 무한하게 용서하라는 메시지를 던지셨으나 인간에게는 그러한' 무한성에의 윤리 '가 항상' 불가능한 것 '으로 보이는 것은 당연합니다. 그런데 자크 데리다.(Jacques Derrida)의 말처럼 용서가 언제나 가능한 것만을 한다는 의미라면 사실상 '용서'라는 이름을 지닐 수 없습니다. 용서할 수 없는 것을 용서하는 것, 그것이 바로 진정한 의미에서 용서입니다.[51]

바리새인들이 간음하다 현장에서 잡힌 여인을 예수님 앞에 데리고 와 그녀를 어떻게 처리할 것인가 하는 매우 어려운 질문을 던집니다. 바리새인들은 예수님이 사랑의 하나님이라면 죽이라고 해도 문제가 되고, 죽이지 말라고 해도 당시의 법과 다른 판단이기 때문에 문제가 될 것으로 생각했습니다. 예수님께서는 한참 생각하시다가 바리새인들을 향하여 '너희 중에 죄 없는 자가 돌로 치라'(요8:7) 말씀하시자 그들은 한사람 한사람 빠져 나가 버렸습니다. 예수님께서는 남아 있는 여인에게 "너를 정죄하지 아니하노니 가서 다시는 죄를 범하지 말라 하시니라"(요8:11)고 하셨습니다. 이것이 말하는 바는 우리 인간이 모두 죄인이라는 사실을 말하고 있습니다. 이 여자가 또 죄를 짓는다면 예수님은 어떻게 하셨을까요?

　그렇다면 회개는 필요없는가?

　피해자는 언제나 용서할 마음을 가지고 있어야 하지만, 가해자 또한 회개할 수 있어야 합니다. 이것은 용서에 있어서 가장 바람직한 모습일 것입니다. "용서를 받기 위해서는 무엇보다 자신의 잘못을 인정하고 회개해야 합니다. 잘못을 인정하는 것은 자신이 용서가 필요한 사람, 용서 받아야 할 사람임을 인정하는 것입니다. 잘못을 인정하지 않는 것은 자신은 용서가 필요없는 완전한 사람이라고 선언하는 것이나 다름 없습니다. 그러한 사람에게 용서는 선물이 될 수 없습니다. 오히려 그런 사람에게 용서는 치욕적으로 다가 올지 모릅니다. 죄의 고백을 거부하는 것은 용서 받기를 거부하는 것이나 다름없기 때문입니다. 자신의 죄를 인정하는 것은 어려운 일입니다. 죄를 지었다고 고백하는 것은 벌거벗은 채로 서서, 비난의 손가락으로 자신과 자신이 지은 죄를 가르키는 것이기 때문입니다. 사람들은 자신이 범한 죄를 거의 본능적으로 부인하고 변명하려고 합니다. 그러나 죄를 고백하고 나면 놀라우리 만큼 자유로워 집니다. 죄를 고백하고 나면 감출 것도 없게 되고 도망칠 일도 없게 됩니다. 하나님의 용서는 우리가 어떻게 하느냐에 달려 있습니다. 하나님의 용서는 값없이 주어지는 것이지만 그러나 우리가 다른 사람을 용서할 줄 모른다면 하나님이 용서를 철회 하신다는 것이라기 보다, 하나님의 용서를 받지 않겠다는 뜻을 분명하게 말하는 것이나 다름없기 때문입니다."[52]

영화 '데드 맨 워킹'(Dead Man Walking, 1995)의 마지막 장면이 인상에 남습니다.

살인을 당한 피해자의 부모는 살인자가 처형을 당하면 어떻게든 자신의 고통과 아픔이 사라질 것이라고 생각했습니다. 그러나 살인자의 고통과 아픔은 전혀 별개였으며, 정당한 보복인데도 그들에게 만족감을 주지 못했습니다. 아무리 정당한 복수라할지라도 그것이 진정 우리를 만족시킬 수는 없기 때문입니다. 이미 파괴된 것을 결코 대신할 수 없기 때문입니다.[53]

> 너희가 사람의 과실을 용서하면 너희 천부께서도 너희 과실을 용서하시려니와 너희가 사람의 과실을 용서하지 아니하면 너희 아버지께서도 너희 과실을 용서하지 아니하시리라. (마6:14~15)

요셉은 형제들이 주도면밀하게 자신을 죽이려 했는데도 용서를 통해 하나님께서 아브라함에게 약속한 후손을 이어갈 수 있게 했습니다. 야곱과 요셉을 통해서 아브라함에 주신 약속은 태양같이 빛날 것이며, 온 인류를 복되게 할 아브라함의 '그 후손'이 올때까지 살아 있을 것입니다. 요셉은 하브라함의 후손들이 이를 한 위대한 민족, 즉 하나님나라를 향해 나아가고 있습니다. 그렇게 해서 구원이 오늘 우리에게까지 온 것입니다. 만일 요셉이 형들을 용서하지 않았다면 어떻게 되었을까요? "내가 갚을 수 없는 빚을 용서 받았다면 나 역시 탕감해 주어야 합니다. 나에게 다른 선택은 없습니다. 나는 먼저 마음으로 용서를 해야 합니다. 진실로 용서하기 까지 시간이 필요할 수도 있습니다, 용서한다고 해서 잘못을 눈감아 주어서는 안 됩니다. 여전히 기억에 남을 것입니다. 그러나 용서해야 됩니다."[54]

용서하는 횟수에 제한이 없어야 하는 것입니다. 우리가 용서하는 것은 당연한 일이며 몇 번이나 용서했는지 세어서도 안 됩니다. 상대방이 뉘우치지 않아도 우리는 용서해야 합니다. 용서는 무조건 적인 것이기 때문입니다. 우리는 예수님의 말씀대로 원수도 용서하고 사랑해야 합니다. 상대방이 여전히 원수로 있다 할지라도 말입니다. 그러면 왜 우리는 이와 같이 용서해야 할까요? 그것은 사랑이 많으신 하나님 아버지께서 우리를 그렇게 용서하셨기 때문입니다. 저는 어떤 사람이 진정 구원을 받았다면 그가 용서를 하는지, 못하는지 따라 알 수 있다고 봅니다. 이것이 주기도문에 나오는 "우리가 우리에게 죄를 용서해 준 것 같이 우리 죄를 용서해 주옵시고" 뜻입니다.

우리가 우리에게 죄를 용서해 준 것 같이

주기도문에 나오는 말씀입니다.

> 우리가 우리에게 죄 지은 자를 사(赦, 용서 또는 빚갚음)하여 준
> 것같이 우리 죄를 사하여 주옵시고(마6:12)

이 기도 앞에 설 때 기도를 멈추는 사람이 있다고 합니다. '같이'라는 말은 조건 절은 아니지만 우리가 우리에게 죄를 용서해 준 것처럼 하나님께서 우리의 죄를 용서해 달라는 말입니다. 어쨌든 이 기도 속에는 용서가 하나님과 인간 관계의 문제라는 것은 분명히 말해 주고 있습니다. 우리가 우리 주위에 있는 사람들의 잘못을 용서하지 않는다면 이 기도는 드릴 수 없는 기도임을 알아야 합니다. 왜냐하면 그런 기도는 거짓 기도이기 때문입니다. 예수님은 기꺼이 일흔 번에 일곱 번씩이나 용서하라 하셨습니다. 무조건, 무제한적으로 용서하라는 말씀입니다. 용서는 인간관계의 새로운 회복일 뿐만 아니라 하나님과 회복의 재출발입니다. 우리가 예수님의 십자가 대속을 참으로 깨달았다면 우리는 우리에게 죄를 지은 자에게 언제나 용서할 마음을 가져야 합니다. 그렇게 하지 못할 때 얼마나 무서운 일이 일어나는가를 보여 주는 예화가 있습니다.

이청준 작가가 쓴 중편 소설 『벌레이야기』[55]를 영화화한 〈밀

양)(Secret Sunshine)이 있습니다. 소설과 영화의 내용이 조금 다르기는 하지만 영화를 중심으로 생각해 보겠습니다. 2007년 칸느 영화제에서 감독은 이창동이었고 전도연이 여우주연상을 받은 영화입니다. 당시 가장 많은 사람들이 본 영화이지만 기독교인으로써 부끄러운 내용을 담고 있습니다. 주인공은 신애의 딸을 죽여 사형을 기다리며 감옥신세를 지고 있었습니다. 말이 말이지 살인범이 자기 딸을 죽였으니 그를 면회하고 용서한다는 것이 얼마나 어려운 일이었겠습니까? 신애는 주위의 권면과 좋은 그리스도인으로 인정받기 위해 용서 해야겠다고 마음을 먹습니다. 그러나 정작 용서 하러 갔던 신애는 살인자가 자신에게 너무 미안하다고 말하기는커녕, 오히려 평안한 마음으로 이미 "하나님으로부터 용서받았다"고 말할 때 신애는 절규합니다. 신애는 "내가 그사람을 용서할 수 없었던 것은 그것이 싫어서 보다는 이미 내가 그러고 싶어도 그럴 수가 없었기 때문이었어요. 하지만 나보다 누가 먼저 용서할 수 있습니까? 내가 그를 용서하지 않았는데 어느 누가 나 먼저 그를 용서하느냐 말이에요. 그의 죄가 나밖에 누구에게서 먼저 용서될 수가 있어요? 그를 용서할 기회마저 빼앗기고 만 거란 말이에요. 내가 어떻게 다시 그를 용서 합니까?" 피해자가 용서하지 못하는데 어떻게 감히 하나님이 맘대로 그 놈을 용서하느냐고 울부짖습니다. 그럴 수는 없다는 것입니다. 결국 신애는 믿음을 포기하고 자살까지 시도합니다. 신애의 마음에 상처가 얼마나 컷기에 이 지경에 이르렀을까요? 우리가 하나님께 용서 받았다면 사람에게도 용서를 빌어야 되는 것은 너무 당연한 것입니다. 이런 모습이 한국교회에 만연하고 있습니다. 살인범에게 직접 임한 그 역설적 현실 앞에서 신애는 오히려 절망하고 독자와 관객은 충격을 받습니다. 영화 〈밀양〉은 교회를 찾는 사람들의 다양한 고통을 보여줍니다. 이 영화는 자기가 속한 공동체에 이렇게 아픈 사람이 얼마나 많은지를 알게 합니다. 이 영화는 다양한 문제를 제기하고 있지만 폭력적인 전체주의를 밑에 깔고 있는 종교적 근본주의의 폭력도 비판하고 있습니다.

그러므로 예물을 제단에 드리다가 거기서 네 형제에게 원망 들을 만한 일이 있는 줄 생각나거든 예물을 제단 앞에 두고 먼저 가서 형제와 화목하고 그 후에 와서 예물을 드리라 (마 5: 23-24)

이 말씀은 우리가 예배 드리려 가다가 형제에게 원망 들을 만한 일이 생각하거든 먼저 화해를 하고 그 후에 예물을 드리라는 말씀입니다. 만약 모든 교인들이 이렇게 된다면 주일예배를 정상적으로 드릴 교회가 있을까요? 아마도 그렇게 한다면 거의 모든 교회당은 텅 비지 않을까요? 용서없는 그리스도인은 없습니다. 그동안 우리는 용서에 대하여 너무 무관심한 것은 아닐까요, 용서가 있을 때 이 곳에 평화와 사랑이 꽃피어 날 것입니다.

예수님에게 죄의 용서는 단지 개인의 죄책감이나 사람들 사이에 불화를 경감시키는 것을 의미하지 않습니다. 예수님에게 용서란 새 시대의 표지이자, 공동체를 위한 새로운 가능성에 선결 조건입니다.56)

우리는 온 마음과 정성으로 주님을 사랑하지 않았으며, 자신처럼 이웃을 사랑하지 않았고, 용서받은 것처럼 남을 용서하지 못했나이다. 주여 우리를 불쌍히 여기소서.

5장. 나의 십자가

3장에서 예수님의 십자가에 대하여 살펴보았다면, 여기서는 예수님을 믿는 우리 자신이 져야 할 십자가에 대하여 살펴보겠습니다.

> 또 물으시되 너희는 나를 누구라 하느냐 베드로가 대답하여 이르되 주는 그리스도시니이다 하매 이에 자기의 일을 아무에게도 말하지 말라 경고하시고 인자가 많은 고난을 받고 장로들과 대제사장들과 서기관들에게 버린 바 되어 죽임을 당하고 사흘 만에 살아나야 할 것을 비로소 그들에게 가르치시되 드러내 놓고 이 말씀을 하시니…. 무리와 제자들을 불러 이르시되 누구든지 나를 따라오려거든 자기를 부인하고 자기 십자가를 지고 나를 따를 것이니라(막8:29~35)

앞장에서 살핀 대로 예수님께서는 먼저 자신이 져야 할 십자가에 대하여 말씀하고 있습니다. 바로 이어서 "무리와 제자들을 불러 이르시되 누구든지 나를 따라 오려거든 자기를 부인하고 자기 십자가를 지고 나를 따를 것이니라." 이 본문은 우리에게 십자가에는 예수님이 지신 십자가와 예수님을 따르는 성도들이 져야 할 자기십자가, 이 두 가지가 있다는 것을 말해줍니다. 우리는 '십자가' 하면 예수님께서 우리를 위해 지신 십자가만을 생각하고 우리가 져야 할 십자가에는 별 관심이 없습니다. 그러나 예수님은 자신이 져야할 십자가를 말씀하시면서 동시에 자신을 따르고자 하는 사람들에게 우리 자신이 져야할 십자가를 바로 이어 말씀하십니다. 물론 자기 십자가는 구원을 위한 십자가는 아닙니다. 그러나 믿음과 실천이라는 동전의 양립이라고 생각합니다. 마틴 루터 연구의 세계적인 권위자인 파울 알트하우스도(Paul Althaus) '두 개의 십자가' 를 말하고 있습니다.[57]

두 개의 십자가

자기 십자가 곧 나의 십자가는 질 수도 있고, 지지 않을 수도 있는 선택사항이 아니라 예수님의 십자가를 믿는 성도라면 누구나 져야 할 십자가입니다. 교인들은 '예수님의 십자가' 에 대해 관심이 많으면서도 '나의 십자가' 에 대해서는 거의 관심이 없는 것 같습니다. 실천적 삶이 부족하다는 말입니다. '십자가' 는 그 자체가 죽음과 고난을 의미합니다. 예외적으로 훌륭한 교회가 많지만, 저는 개인적으로 대부분의 한국보수주의 교회들이 "사이비에 가깝다"고 봅니다. 사이비(似而非)의 뜻은 "비슷한 것은 아니다" 즉, 비슷한 것은 틀렸다는 뜻입니다. 우리는 사이비에 조심해야 합니다! "도적이 오는 것은 도적질하고 죽이고 멸망시키려는 것 뿐이요 내가 온 것은 양으로 생명을 얻게 하고 더 풍성히 얻게 하려는 것이라"(요10:10) 교회 안에 영적 도적들이 있다는 사실을 알아야 합니다. 영적 도적들은 예수님 말씀처럼 인생을 도둑질(steal)하고, 죽이고(kill), 멸망(destroy)시킵니다. 그렇기 때문에 교회를 선택할 때는 매우 신중해야 합니다. 이 때 중요한 판단기준 중의 하나가 바로 교회에 사랑이 있는지, 말씀이 살아있는지, 그리고 세상 속에서 성도로써 어떻게 살아야 할 것인지에 대해서 자세한 관심을 갖고 있는지의 여부입니다. 그런데 거의 모든 선한 일들이 그렇듯이 여기에도 방해요소들이 있습니다. 특히 성도로 하여금 자기십자가를 지는 삶에 대해 무관심하게 하는 방해요소들이 있습니다. 이제부터 그것이 무엇인지 살펴보려합니다.

왜곡된 형벌만족설

첫째, 잘못된 '형벌만족설' 입니다. 3장에서 본 '형벌만족설'은 하나님께서 예수님을 통해 친히 공의를 만족시켜 죄인인 우리를 의롭게 하시고, 하나님도 의로우심을 선포하는 십자가를 말합니다. 형벌만족설은 앞에서 본 '법정적칭의'를 의미합니다. 이는 대체로 복음주의자들이 주장하는 내용입니다. 이러한 형벌만족설은 믿음지상주의와 함께 객관적, 구두적 선언만 강조하여 이론적 허구에 빠지기 쉽습니다. 이것이 한국교회의 현실이기도 합니다. 올바른 형벌만족설은 하나님의 은총에 대한 감사 안에서 말씀에 순종하는 것이 당연하지만 입술만의 고백으로 흐를 가능성이 높습니다. 그러나 성경은 여기에 더하여 예수님을 본받는(Imitation of Jesus Christ)삶을 살아야 할 것을 말씀하고 있습니다. 이신칭의의 교리만 붙들고 이것이 올바른 믿음이라고 생각한다면 진리의 반쪽 밖에 보지 못하는 것입니다.

너희에게 본을 끼쳐 그 자취를 따라오게 하려 하셨느니라
(벧전 2:21)

오늘날 교회 안팎에서 기독교를 '개독교'라 하고 잡상인, 혹은 해충이라고 부르는 것은 그리스도인들의 윤리적 실천 없는 위선적인 모습을 보고 하는 말입니다. 아무리 이론이 좋아도 실천이 없다면 무슨 의미가 있겠습니까?

내 형제들아 만일 사람이 믿음이 있노라 하고 행함이 없으면 무

슨 이익이 있으리요 그 믿음이 능히 자기를 구원하겠느냐…,
행함이 없는 믿음은 그 자체가 죽은 것이라 (약2:14-17)

한국교회는 숫자가 적어서 욕을 먹는 것이 아닙니다. 무엇보
다 윤리가 없는 신학의 잘못이 큽니다. 이렇게 되면 값싼 은혜
(cheap grace)가 될 수밖에 없습니다. 자끄 엘륄은 『뒤틀려진 기독
교』에서 "기독교가 성경대로 바르게 선포된다면 기독교는 많은
수를 얻지 못하고 이 땅에서 누릴 수 있는 대가와 이익을 얻지 못
할 것이다. 그럼에도 불구하고 인간의 동의를 얻으려고 그들의
기호에 맞추고 그들을 매료시켜야 한다니!"라고 탄식합니다. 이
러한 모습의 전형적인 사례는 바리새인을 향한 예수님의 말씀에
서 잘 나타나고 있습니다.

너희가 박하와 회향과 근채의 십일조는 드리되 율법에 더 중한
바 정의와 긍휼과 믿음은 버렸도다(마23:23)

박하와 회향과 근채의 십일조는 율법에 의하면 바치지 않아도
됩니다. 예수님은 바리새인들이 십일조를 아주 조그마한 것까지
챙겨서 드리면서 오히려 율법이 더 강조하는 정의(justice), 자비
(mercy), 성실함(faithfulness)은 버렸다고 말씀하십니다. 바리새
인들은 십일조를 비롯한 종교적 전통과 교리를 지키기만 하면 좋

은 신앙이라고 말했는데, 예수님의 말씀은 이것보다 더 중요한 것이 있다는 것입니다. 신앙과 종교는 다른 것입니다. 저는 급진성이 없으면 성도라고 부를 수 없다고 생각합니다. 성도는 좌파도 아니고 우파도 아닌 급진적인(radical) 사람들입니다. 리영희 선생은 "진실은 균형 잡힌 감각과 시각으로만 인식될 수 있다. 균형은 새의 두 날개처럼 좌□우에 날개가 같은 기능을 다할 때의 상태이다. 진보의 날개만으로는 안정이 없고 보수의 날개만으로는 앞으로 갈 수 없다. 좌□우, 진보와 보수의 균형 잡힌 인식으로만 안정과 발전이 가능하다. 인식 능력과 지식, 사상과 판단력에서 좌□우의 균형잡힌 이상적 인간과 사회를 목표로 삼아야 한다. 좌□우에 어떤 정치이데올로기적 권력이든 진실을 은폐□날조□왜곡 하려는 흉계에 대항하여 진실을 찾아내야 한다."[58]라고 했습니다. 진실은 항상 급진적일 수밖에 없습니다.

그리스 사상

둘째, 행동하는 신앙을 방해하고 있는 것은 그리스사상에 근거를 둔 이원론입니다. 이원론은 몸과 영혼, 세상과 개인을 둘로 나누고 몸과 세상은 나쁘고 악한 것이니 영혼과 개인에만 관심을 가지라는 사상입니다. 세상 돌아가는 일은 우리의 알 바가 아니라고 생각하는 이 사상은 분명히 비성경적이요, 반성경적인 사상입니다. 그럼에도 불구하고 보수주의자들은 세상과 몸에 대해서는 관심이 없습니다. 이런 이원론자들에게는 당연히 이 땅에서 일어나는 정치, 경제, 사회, 노동, 예술, 교육에는 무관심할 수밖에 없습니다. 오히려 창조주 하나님을 믿는 성도라면 이러한 사회적, 세계적 주제에 대하여 관심을 가져야 하는데도 믿음만 있으면 된다고 말합니다. 이것은 성경을 크게 오해하는 잘못된 사상입니다. 사도행전 2장에 보면 초대교회의 모습이 나오는데, "온 백성에게 칭송을 받으니 주께서 구원 받는 사람이 날마다 더하게 하시니라"(행2:47) 예수님께서 세상을 이처럼 사랑하시고 성육신하심으로 이 땅에 오신 것은 한마디로 하나님의 세계 긍정을 의미합니다. 그럼에도 불구하고 보수주의자들(특히 세대주의, 전천년주의, 경건주의, 순복음주의)은 종말론적 공상에 과민반응하여 종말에 초점을 맞추고 오히려 세계부정을 말하면서 이 세상의 일에 도피하고 무관심 합니다. 이 중에서 경건주의는 그동안 역사적으로 긍정적인 기여를 했지만 최근에는 세대주의, 전천년주의를 닮아가지 않나하는 의구심을 일으키고 있습니다. 니콜라스 월터스토프(Nicholas Wolterstorff)는 『정의와 평화가 입맞출 때까지』에서 기독교를 '도피적 기독교와 형성적 기독교'로 나누고 있습니다. 그에 따르면 기독교인들은 이 땅에서 도피적으로 살아갈 것이 아니라 현재의 상황을 바꾸고, 새로운 질서를 창조적으로 형성하면서 살아가는 성도들이 되어야 합니다.[59]

공공성의 문제

셋째로 기독교신앙이 공적(public)인 영역에는 무관심하고 오직 사적(private)인 영역만을 강조한다는 것입니다. 보수주의로 훈련 받은 한국교회는 소위 공공성에 대한 관심이 관심이 매우 낮은 수준입니다. 이 문제는 계몽주의(Enlightenment Movement)로부터 시작된 문제인데, 역사적으로 계몽주의는 세계에서 기독교를 추방한 일대 사건이라고 할 수 있습니다. 톰 라이트(N.T. Wright)는 "계몽주의가 기독교를 공적세계에서 추방하여 사적세계 즉, 내적인 문제 안으로 가두어버렸다."라고 지적합니다. 공적문제에도 관심을 갖는 것이 성경적인 것인데도 세속주의에 의해 공적영역은 쫓겨 난 것이지요. 그런데도 오늘의 기독교인들은 특히 보수주의자들은 이것을 당연시 여기고 사적영역에서 안주하고 있으니 참 안타까운 일입니다. 전도란 한 개인을 통해서 하는 것이기도 하지만 이와 함께 정치, 경제, 교육, 예술, 학문 등 각 분야에서 그리스도인들이 성경적인 세계관을 드러내는 것을 통해서 하는 것이기도 합니다. 그리고 이것은 어떤 면에서는 더 큰 전도라고 할 수 있습니다. 이렇게 모든 분야가 서로 유기적으로 영향을 주고받으면서 성경적인 세계관과 하나님 나라를 드러내야 합니다. 계몽주의는 이성을 강조합니다. 그리고 성경은 영성과 마음을 강조합니다. 우리는 하나님께서 우리에게 영성과 함께 이성을 주셨다는 사실을 알아야 합니다. 영성만 강조하고 이성을 무시하는 것은 잘못된 생각입니다. 물론 보수주의교인들이 윤리적 문제, 즉 실천의 문제를 생각하지 않는 것은 아닙니다. 그러나 이들은 대체로 근본주의적 색채를 띠면서 몇 가지 교리를 중심으로 성경을 축소지향적으로 해석합니다. 근본주의는 구원의 의미를 개인화, 내면화시키며, 윤리에 있어서도 대윤리(macro ethics), 즉 정치, 경제, 교육, 환경, 정의 등 세계의 구조적 접근보다 소윤리(micro ethics), 즉 동성애, 낙태, 술, 담배, 간음, 가정과 같은 작은 윤리에만 관심이 많습니다. 그러나 이것은 둘 중의 하나만을 선택할 문제가 아닙니다. 두 가지 영역 모두 복음의 총체성을 드러내야 합니다. 그리고 이것이 성경적이라 확신합니다. 그렇다고 일제시대로부터 오늘까지 한국교회 보수주의자들이 대윤리에 전혀 무관심한 것은 아닙니다.[60] 그들도 정치, 사회적 문제에 깊이 참여하지만 문제는 그들의 논리와 행보가 성경적이지도 않고, 유치하며, 지성적이지도 못하며, 상식적이지도 않는 데 문제가 있습니다. 최근의 예를 든다면, 장로인 이명박 대통령의 행보, 장로인 박찬주 대장의 갑질, 김진표의 종교인 과세 연기, 십알단(십자가알바단) 댓글 공작, 박성진 중소기업부장관 후보자의 6,000년 창조설, 재벌세습과 같은 교회세습, 옳던 그르던 동성애 문제로 인한 부정적 이미지 부각, 국정원 공작에 대한 목사들의 부끄러운 참여, 기독교인들이 800만 여명이나 된다지만 OECD 국가 중 세계 최고 자살률, 최저의 행복률이 보여 주듯이 정말 '양심이 불가능한 나라' [61]에서 살고 있습니다. 그리스도인들이 추구해야 할 공적 주제에 대하여 유치하며 상식적이지 못한 모습은 우리로 하여금 참담한 마음을 금할 수 없게 만듭니다. 그러니 기독교가 전도 될 수도 없고 교회는 수구 골통 보수집단이 되어 버릴 뿐입니다. 그러면 그리스도인들이 관심을 가져야 할 공적 주제들에는 어떤 것이 있을까요?

자본주의

첫째, 자본주의문제입니다. 이것은 맘몬니즘(Mammonism)으로 '돈 주의'인데, 성경과는 정반대되는 사상입니다. 그런데도 기독교인들은 자본주의가 성경적인 줄 아는 무지에 빠져있습니다. 우리는 지금 공기처럼 자본주의 세계에 둘러싸여 살고 있습니다. 월터 윙크(Walter Wink)가 말한 대로 "오늘날 자본주의는 극단적인 양극화를 만들어 내면서 빈부격차를 심화시키고 있는 악마적 구조"라는 사실을 알아야 합니다. 우리나라 경우 상위계층 10%가 전체 부의 66%를 독점하고 있습니다. 예수님께서 부자청년을 만나 하신 말씀은 한마디로 부와 영생에 관한 것이었습니다. 부자청년은 예수님께 "어떻게 해야 영생을 얻을 수 있습니까?"라고 물었습니다. 예수님은 먼저 가난한 자들에게 나누어 주라고 말씀하셨습니다. 그런데 자본주의는 가난한 자를 배려할 수 없는 구조입니다. 게다가 자본주의는 인간의 욕망에 기초하고 있기 때문에 인간의 욕망을 제거해야만 없앨 수 있고, 이것을 바꾸는 것은 정말 어려운 일입니다. 기독교인들은 자본주의를 어떻게 하면 완화시키고, 최소화시킬 수 있는지 관심을 갖고 노력해야 함에도 불구하고 기독교가 마치 자본주의를 동의하는 것처럼 생각하고 있으니 무식한 일입니다. 얼마 전 김상곤 교육부 장관이 "사회주의적 상상력을 가져야 한다."는 말을 하자 야당의원들이 빨갱이니, 종북이니, 공산주의니 하면서 야단법석이었습니다. 무지한 일입니다. 최소한 그리스도인들은 '사회주의 상상력'을 가진 사람들이어야 합니다. 사회주의 상상력을 갖자는 것은 모두가 평등한 세상을 만들자는 것입니다. 사회주의가 공동체를 강조하는 반면에 자본주의는 개인의 욕망에 기초하고 있습니다. 자본주의가 성경적입니까? 사회민주주의가 성경적입니까? 생각할 필요도 없이 사회민주주의가 성경에 가깝다고 말할 수 있습니다. 얼마 전 부자들에게 세금을 올리자는 말이 나오자 깜짝 놀라는 사람들이 있었습니다.

통계청 발표에 의하면 인구 1%가 55.2%의 토지를, 10%가 97.6%의 토지를 보유하고 있는 양극화의 첨단을 달리고 있습니다. 중국과 싱가폴 같은 나라들은 모든 토지를 국가가 보유하여 국민들이 국가로부터 토지를 임대하여 사용하고 있습니다. 토지 투기를 예방하는 대안이지요. "땅은 하나님의 것이다.(레 25:23)"라고 했듯이 물과 공기와 땅은 하나님이 주신 공공재(公

共財)입니다. 이것들은 사유화(私有化)의 대상이 아닙니다. 거기다 한 사람이 천 채 이상의 집을 가지고 있다는 것은 충격적인 사실입니다. "사회민주주의 국가인 덴마크. 스웨덴, 노르웨이 등과 같은 나라들에서도 일반인들은 26% 이상에서 부자들은 45% 안팎의 세금을 내고 있습니다."[62] 함께 잘 살자는 것이지요. 그렇다면 돈을 많이 가진 자들이 세금을 많이 내는 것은 당연한 것입니다. 저는 한국교회가 이웃과 더불어 살기 위해서 더 많이 버는 사람들이 더 많은 세금내기운동을 시작한다면 얼마나 좋을까 생각해 봅니다. 이런 말을 하면 보수주의자들은 깜짝 놀랄 것입니다. 자끄 엘륄은 다음과 같이 자본주의의 문제점을 지적했습니다. "자본주의는 값없이 주시는 하나님의 은혜와 무언가를 거저 준다는 가능성을 철저히 지워버렸습니다. 모든 것이 사유화되고 돈으로 정해집니다."[63] 다시 말하지만 자본주의는 맘몬니즘입니다.

생태계

둘째, 환경문제입니다. 지금 우리는 하나님이 창조한 지구가 없어지는 위기에 처해 있습니다. 이렇게 말하면 허황한 말을 하고 있다고 생각하는 사람이 있을지도 모르겠습니다. 그러나 현실은 매우 심각한 수준입니다. 오죽하면 "환경문제는 인간이 저질렀으므로 지구를 살리기 위해서는 인간을 죽여야 한다."고 말하는 환경전문가도 있습니다. 우리 그리스도인들은 환경문제에 지대한 관심을 가져야 합니다. 성경도 환경에 대하여 지대한 관심을 가지고 있기 때문입니다. 전 지구적 환경문제를 어떻게든 대처하는 것은 물론이고, 우리가 할 수 있는 것 중에 작은 일부터 실천하는 노력이 필요합니다. 가령, 휴지 한 장이라도 아껴 쓴 다든지, 혹은 물을 아껴 쓰거나 필요 없는 전등불이나 냉 · 난방 기는 끄고 음식물 분리수거 등의 조그만 일부터 시작할 수 있습니다. 이따금 사무실이나 병원, 은행 등에 가면 거의 대부분 온도가 너무 차거나 너무 덥거나 하는 경우가 많습니다. 또 우리나라에는 기름이 한 방울도 나지 않는데 큰 자동차를 많이 탑니다. 그리스도인들은 가능하면 대중교통수단을 이용하고, 차를 사야 할 경우에는 소형급 이하 차를 타는 것이 좋을 것 입니다. 우리보다 잘 사는 유럽의 경우에는 70-80%의 차량이 소형급 이하 차량입니다. 저도 유럽에 몇 차례 다녀오면서 그런 풍경을 보았는데, 참 인상적이었습니다. 우리나라사람들은 큰 차를 타는 것이 돈이 많거나 사회적인 신분이 높은 것을 보여주는 표시라고 생각하는 경향이 있습니다. 하지만 이런 생각이야말로 비 성경적이며, 창조질서를 무너뜨리는 생각이라는 사실을 알아야 합니다. 광고에 너무 현혹되지 마십시오. 항상 새것을 사려는 욕망을 버려야 합니다. 우리가 쓰고 남은 것, 먹고 남은 것들이 우리가 살고 있는 지구환경을 얼마나 파괴시키는지 알아야 합니다. 현재

환경파괴는 지구의 최대위기 중 하나입니다. 환경문제와 관련하여 애완동물과 식물에 대해서도 생각해 보아야 합니다. "우리나라는 지금 세계적으로 볼 때 애완동물을 가장 많이 키우는 나라 중 하나이지만 애완동물을 구타하고 버리는 경우도 매우 많은 나라입니다. 얼마나 부끄러운 일입니까? 세계적인 동물학자인 피터 싱어(Perter Singer)는 "동물에 대한 태도에 관한 한 인간은 나치다."라고 말합니다. 우리는 동물뿐만 아니라 식물에 대한 태도도 바꿔 가야 합니다. 피터 톰킨스는 식물에 대한 태도를 바꾸어야 함을 다음과 같이 말합니다. "우리는 식물에 대해서도 하나님이 창조하신 것이라는 태도를 견지해야 합니다. 오늘날 우리는 식물을 식용으로써 뿐만 아니라 연료, 의복, 건축재료 그리고 장식 등과 같이 다양한 용도로도 사용합니다. 우리는 식물이 없으면 살아갈 수 없습니다. 꽃은 우리에게 아름다운 모습을 보여주고 우리를 즐겁게 하고 있습니다. 하나님께서는 동물과 식물을 우리에게 선물로 주신 것입니다. 그러므로 우리는 이것들을 잘 보존하고 가꾸어야 합니다. 산에 있는 꽃을 꺾는 것을 부끄러운지를 알아야 합니다.""[64)

노동

셋째, 노동문제입니다. 우리는 누구나 노동을 해서 먹고 삽니다. 노동하지 않는 사람은 살 수 없습니다. 기업가나 회장이 아니면 모두가 노동자들입니다. 얄팍한 말로 근로자니 노동자니 하며 이 둘을 분리시키는 것은 참 우스운 일입니다. 근로자는 화이트칼라를 말하는 것일까요? 우리나라에서는 노동자를 무시하고 노동운동을 하는 사람들을 거의 무조건 종북세력, 혹은 좌파라 부르는데, 이것을 보면 참으로 신기합니다. 그러나 선진국에서는 노동운동을 자본주의를 보완하는 것으로 생각하고 있습니다. 노동운동은 원래 기독교로부터 시작되었다는 사실을 알아야 합니다. 종교개혁가 칼뱅의 본거지인 스위스에서 시작되었습니다. 노동운동은 노동자들이 일한 만큼 임금을 받자고 하는 투쟁입니다. 이익을 챙기려는 기업가에게 우리에게도 좀 더 달라는 말이 무슨 잘못이 있습니까? 너무 당연한 것이 아닐까요? 얼마 전 노르웨이의 대학 캠퍼스 안에 있는 9층 도서관건물에서 일하는 노동자들의 파업이 일어났습니다. 파업으로 인해 엘리베이터마저 사용 할 수 없었기 때문에 걸어서 올라가야만 했습니다. 그렇게 매우 불편한 데도 불구하고 교수들과 학생들이 노동자들을 향해 박수를 보내고 호감을 나타냈었다는 내용을 본 적이 있습니다. 유럽에서는 어느 분야에서든 노동운동을 무슨 나쁜 짓이나 공산주의로 매도하지 않습니다. 반면에 우리나라에서는 노동운동을 매우 나쁜 것으로 생각합니다. 박정희가 이렇게 만들었지요. 오히려 서구 유럽에서는 이사회에 노동자를 대표하는 노동이사가 있습니다. 이와 같이 노동운동을 평등적 차원에서,

인권적 차원에서 공감하고 도와줄 수 있는 기독교인들이 되어야 될 것입니다. 노동자들이 왜 폭력적으로만 보일까요? 그만큼 기업주가 국가권력을 업고 강력하게 탄압하기 때문입니다. 기득권자들은 스스로 자기 것을 내 놓지 않습니다. 나누려 하지 않습니다. 오늘의 현실이 그렇지 않습니까? 성경도 인간이 얼마나 자기중심적이며, 탐욕적인가를 말하고 있습니다. 사람들이 요구한다고 기득권 세력이 스스로 내려놓을 수도 있다고 말한다면 이상한 나라에서 온 사람이 아닐까 생각합니다. 그렇기에 현실적으로 기득권은 빼앗는 것이며 쟁취하는 것입니다. 그것이 역사가 보여 주는 엄연한 현실입니다. 유럽이 오늘과 같은 사회를 만들기 위해서 얼마나 많은 투쟁이 있었는가를 알아야 합니다.

소비

넷째, 소비문제입니다. 현대의 물신숭배적이고 소비주의적 생활방식이 가져온 최악의 결과는 인격해체, 인간관계의 단절, 잘못된 욕망입니다. 개인적으로 공허한 삶, 이웃과의 깨어진 관계, 물질에 대한 욕망, 비인간화라는 불의에 노출된 삶, 물질적인 것을 구매하고 소비하는 행위는 종교적, 신학적인 의미를 가지고 있습니다. 우리는 지금 소비주의의 노예로 전락하고 있습니다. 소비주의적 선전과 그에 따른 상품소유와 낭비는 지구자원의 남용과 소진을 가속화시켜서 결국 모든 자원을 한 세대도 지나기 전에 다 없애 버릴지도 모릅니다. 우리의 존재와 목적은 우리가 무엇을 소유하는 관점에서만 계량되며, 우리가 무엇을 가지고 있으며, 획득하는가에 의해서만 측정될 뿐입니다. 에리히 프롬(Erich Seligmann Fromm, 1900년~1980년)은 『존재냐 소유냐?』에서 "인간은 존재에 의미가 있으며 더 많이 소유하는데 있지 않습니다. 그런데도 인격체로서의 가치를 높여줄 수 없는 소유가 궁극적인 목적이 되고 말았습니다."[65]고 말합니다. 이런 학자들의 말은 기독교인들의 삶보다 훨씬 성경적입니다.

소비주의와 물신숭배적 경제체제가 그리스도인으로서의 삶을 살기 원하는 그리스도인의 믿음을 위협한다는 사실을 알아야 합니다. 인간이 생산과 경제체제, 스스로 만든 상품의 노예가 되는 현상은 단지 전체주의 국가에서만이 아니라 물신숭배적 사회라면 어디서든 일어나는 사태입니다. 우리 그리스도인은 소비사회의 프로그램화에 저항하라는 부르심을 받고 있습니다. 물신숭배적이고 소비주의적인 사회에 저항하는 다양한 방법은 각자 다를 수밖에 없습니다. 하지만 임계점까지 내달린 자본주의가 기독교신앙에 위기를 가져왔음을 알고 체계적으로 대항해야 합니다. 그리스도인들에게 소비생활은 매우 중요합니다. 소비의 욕망을 통제해야 합니다. 어려운 사람을 도와주는 데는 한계가 없어도, 소비하는 데는 매우 신중해야 합니다. 우리는 예수님께서 가르쳐 주신 기도에서 "일용할 양식을 우리에게 주옵시고"에서 보는 바와 같이 우리 자신을 위한 소비를 최소화해야 합니다.

미국

다섯째, 미국문제입니다. 미국은 자타가 인정하는 세계제국입니다. 미국 26대 대통령 데오도르 루즈벨트(Theodore Roosebelt)는 "어떤 전쟁이든 대환영이다. 우리에게는 전쟁이 필요하다."고 했습니다. "미국은 2차 세계대전 이후 해가 멀다하고 전쟁을 일으키는 나라입니다. 헤드라인에는 없는 나라가 미국입니다."[66] 무서운 나라입니다. 미국은 우리나라에 무슨 천사나 되는 것처럼 생각하는 사람들이 많이 있습니다. 참으로 역사를 모르는 무지한 말입니다. 2016년에 촛불집회와 태극기집회가 있었습니다. 그런데 태극기집회에 나온 사람들 중에는 태극기뿐만 아니라 미국의 성조기도 함께 가지고 나온 사람이 있었습니다. 이들의 생각에는 성조기로 대표된 미국이 우리를 도와주는 나라라고 생각한 모양입니다. 혹 이상하게 들릴지 모르지만 일본제국은 1905년 을사보호조약 으로부터 이어서 미국이 신제국주의, 신자유주의를 표방하면서 우리를 착취하는 나라라는 사실을 알아야 합니다. 이 세계역사에 나타난 제국주의는 한 마디로 다른 나라를 정복하고, 착취하는 것을 당연하게 추구합니다. 모든 제국들은 오직 자기 힘으로 자기중심적 이익을 위해 노력할 뿐입니다. 바로 미국의 트럼프(Donald Trump) 대통령의 모습에서 현재 진행형으로 잘 보고 있지 않습니까? 북한의 핵실험 때문에 나라 안팎이 시끄럽습니다. 미국은 부가가치가 가장 큰 전쟁무기를 팔고 있습니다. 거기다 FTA를 통한 전방위 통상 압박 그리고 심지어는 가습기 살균제 완화까지 요구하고 있습니다. 속이 뻔히 들여다 보이는 데도 우리는 그것을 읽어 낼 수 없습니다. 세뇌되어 왔기 때문입니다. 그러므로 우리나라와 같은 약소국가는 미국, 중국, 일본과 같은 강대국 틈 사이에서 어떻게 지혜롭게 그들을 잘 이용해야 할 것인가를 생각해야 합니다. 우리도 최소한 국가의 자존심은 지켜야 할 것입니다. 미국은 미사일 디펜스(MD：Missile Defense)를 구축하여 세계를 자기의 손아귀에 넣고자 하고 있습니다. 물론 강대국이기 때문에 그들의 말을 듣지 않으면 약소국은 손해를 보는 것은 당연합니다. 우리는 이러지도 저러지도 못하는 코너에 몰려 있습니다. 참으로 어찌할지 모르는 참담한 지경에 놓여 있습니다. 지금 우리나라가 남한과 북한으로 나뉘어 있는 것도 우리가 이렇게 되기를 원했기 때문이 아니라, 미국과 소련이 자기들 마음대로 이것을 결정했기 때문입니다. 지금도 우리는 우리가 자체적으로 해결할 수 있는 문제조차도 미국의 결제(?)를 받아야 하는 현실을 보고 있지 않습니까? 톨스토이는 "살인에 전쟁이라는 명칭만 붙이면 살인은 살인죄가 되지 않는다고 생각하는 사람이 많다"고 했습니다. 모든 전쟁은 자기나라를 위하여 상대편 사람들을 무차별적으로 죽이고 모든 부(富)를 빼앗고자 하는 것 이외는 그 이상도 그 이하도 아닙니다. 장면 국무총리의 아들이자, 15세에 미국으로 건너간 장순 박사가 쓴 『미국의 한반도 개입에 대한 성찰』[67]은 미국의 한반도 개입을 객관적 근거를 들어 증언하고 있습니다. "1980년 5월 광주에서 일어난 민간인 대학살이라는 구체적인 역사는 미국의 한국에 대한 헤게모니적 지배를 잘 보여 주고 있습니다. 1950년 한국전쟁 발발 이래 미국은 유엔사령부라는 이름으로 오늘날까지도 지속적으로 한국군에 대한 확고한 통제권을 행사하고 있습니다. 단지 그것은 미국이 유엔을 구성하는 국가들에게 도움을 청하는 일을 할 수 있도록 승인한 것뿐이었습니다. 6·25 전쟁 때 유엔군이 16개국이라 하지만 미국이 대부분의 군대를 파병하고 나머지 국가는 들러리에 불과합니다. 유엔이라는 이름을 붙여 자기 전쟁을 합리화 하는 것 이외에는 아무것도 아닙니다. 5.18 광주민주화운동 때도 전두환은 자신의 상관이 미국이라는 것을 잘 알고 있었습니다. 미국이 저지른 홀로코스트의 한국인 희생자들은 나치 홀로코스트의 유태인 희생자들과 꼭 마찬가지로 "다시는 되풀이되지 않기를!"라고 다짐합니다. 지금도 남북한의 전면전의 경험은 그들의 집단적 기억과 집단적 영혼 속에 낙인처럼 찍혀 있습니다."[68]

기술

여섯째, 기술의 문제입니다. 그리스 정교회 신부인 예언자, 게오르규는 『25시』에서 1951년 그러니까 66년 전에 인류의 미래를 이렇게 말합니다. "인간은 이제 두 손이 묶인 채 소수그룹을 이루어 살고 있습니다. 더 이상 자기 자신을 위해서 할 수 있는 게 없습니다. 인간은 자동화된 사슬에 묶여 있습니다. 우리도 마찬가지입니다. 기계적 관료주의라는 사실이 당신의 팔과 다리에 매달려 있습니다. 현대 서구문명이 우리에게 줄 수 있는 거라곤 '수갑' 뿐입니다. 최후의 시간에서 이미 1시간이나 더 지난 시간이지"라고 말하면서 우리가 살고 있는 시대가 기술적 관료주의로 말미암아 이미 끝난 시대라고 말하고 있습니다.[69] 최근 알파고의 문제도 우리로 하여금 기술이 무엇인가를 생각하게 합니다. 많은 사람들은 별 생각 없이 기술이 가져올 낙관적 미래를 상상하고 있는 것 같습니다. "기술은 현대사회를 결정적으로 구성하고 움직이는 시대정신이며, 강력한 권세입니다. 오늘날 기술은 지역과 국가를 넘어 시대를 초월하여 하나의 거대한 전체를 이루고 있으며, 기술은 일반적인 현상이 되었고 보편성을 획득하고 있습니다. 그런 면에서 기술은 전체주의적입니다. 무엇보다 기술의 자율성은 신학적 의미를 갖습니다. 인간은 '자유'라는 고유성을 가지고 있습니다. 자유로울 때만 인간입니다. 자유롭지 못하면 인간일 수 없습니다. 그리스도께서는 죄로 말미암아 자유롭지 못한 인간을 자유롭게 하시기 위하여 오셨습니다. 이것이 구원입니다. 그러나 기술은 인간의 모든 선택, 개성, 자유를 억압하는 방향으로 움직이고 있습니다. 기술이 문제되는 것은 전자, 전기, 통신, 자동차 등 개별분야의 기술이 아니라, 그 이면에 존재하는 논리와 구조, 그리고 정신에까지 해당합니다. 과연 무엇 때문에 기술이 발전하는 것이며, 이것은 어디까지 발전할까요? 그리고 왜 인류는 기술발전에 그토록 헌신하는 것일까요? 이 모든 현상의 끝은 어디일까요? 더 심각한 문제는 인간의 미래입니다. 엘륄은 점점 더 기술이 인간의 모습을 닮아가는 모습에 경악했으며 또 점점 인간이 기계화가 되는 것을 보며 절망했다고 말합니다. 기술이 발전하면 언젠가 모든 문제는 다 해결될 것이라는 근거 없는 낙관론이 온 세상에 편만합니다. 어떤 면에서 이제 낙원은 내세에서 추구되지 않고 지상에서 추구됩니다. 기술은 텔레비전, 영화, 음악 같은 수많은 인위적인 낙을 인간에게 마련해줍니다. 그러면서 기술은 인간을 온갖 종류의 중독으로 이끕니다. 그런 점에서 기술은 인간의 자유 자체를 위태롭게 합니다.[70]

더욱 슬픈 것은 기술에 대한 교회의 모습입니다. 교회는 이러한 기술체계를 뒤엎기는커녕 도리어 스스로를 기술의 전도자로 자처하고 있습니다. 이 시대의 교회를 보십시오! 저 매끈하게 지어진 건물, 시네마 콤플렉스를 방불케 하는 본당 홀, 입체음향시스템, 콘서트를 방불케 하는 경배와 찬양, 위성으로 전 세계에 동시 생중계하는 예배실황, 컴퓨터로 관리되는 교인교적부 등이 얼마나 놀라운 기술이 교회를 지배하고 있습니까?

자유는 오직 하나님께 속해있습니다. 오직 하나님만이 참으로 자유하시는 분이십니다. 하나님은 인간자유의 근원이십니다. 인간의 모든 기술과 국가, 돈의 질서, 폭력의 필연성에 절대 포섭 되지 않는 분이 바로 초월자, 하나님이십니다. 자유자 하나님께서 인간을 자유롭게 창조하셨습니다. 에덴은 자유의 나라입니다. 예수님은 우리를 해방하시며 자유롭게 하시기 위해서 오셨습니다. 그런데 기술은 인간에게서 모든 자유를 제거해버립니다. 기술이 발전하는 방향은 자유를 제거하는 방향입니다. 그래서 기술은 인간을 비인간으로 전락시키는 쪽으로 움직일 뿐입니다. 그런데도 오늘날 기술은 가치이며, 선악의 판단기준이 되었습니다. 모든 것이 기술로 평가됩니다. 정치와 경제뿐만 아니라, 종교마저 기술의 원리에 의해 평가됩니다. 기술 때문에 진정한 의미의 비판정신과 창조성도 말살됩니다. 이른바 세상을 변혁시키겠노라는 그리스도인조차도 절대로 기술을 포기하지 않습니다. 기술의 난장판에 한 사람도 예외 없이 참여하게 되었습니다. 예외없이 그리스도인도 이 세상 한복판에 살도록 부름을 받았습니다. 하지만 우리는 이 세상의 일부가 되어서는 안 됩니다. 그리하여 우리는 비순응자로 살아야 합니다. 하나님이 주시는 자유는 우리에게 이 세상이 주는 안전대책을 믿지 말라고 말합니다. 보험, 대책, 안전, 조직망은 다 허위입니다. 오직 성령의 인도만이 믿을 수 있습니다. 우리는 기술체계 속에 흡수되지 않으려고 날마다 싸워야 합니다. 우리는 여전히 세상의 노예요, 기술체계의 노예로 살아갈 수밖에 없습니다. 한 사람으로 살아남는 것, 그것도 자유인으로 살아간다는 것은 그 어떤 혁명보다 우선되어야 할 것입니다. 우리는 기계의 부속품도 아니고, 체계의 노예도 아닌, 자유인으로 살아야 합니다. 저는 이에 대한 대안으로써 물질문명을 거부하며 겸손과 용서의 기독교 정신으로 공동체를 이룬 아미쉬를 생각해 봅니다.[71]

여자와 남자

일곱째, 남녀문제입니다. 요사이 남녀 성차별이 더욱 심해지면서 크게 왜곡되는 현상을 보고 있습니다. 얼마 전부터 여성혐오니, 페미니즘이니, 남성혐오니 하는 말들이 자주 등장하고 있는데, 우리 믿는 자에게는 감히 상상 할 수 없는 일입니다. 사도 바울은 "너희는 유대인이나 헬라인이나, 종이나 자유자나, 남자나 여자나 다 그리스도 안에서 하나이니라(갈라디아서 3:28)"고 했습니다. 어떤 주석가들은 이 구절을 '사회적 혁명선언'이라고까지 말했습니다. 그리스도 안에서 믿음으로 사는 자는 이런 저런 차별과 구분을 없애며 살아가야 합니다. 하나님께서는 사람을 하나님의 형상대로 지으셨기 때문입니다. 남자도 여자도 하나님의 형상대로 지으신 하나님의 가장 위대한 작품입니다. 윗사람도 아랫사람도 모두 하나님의 형상대로 지으신 하나님의 작품입니다. 미국 사람이나 한국 사람이나 아프리카 사람이나 모두 다 동일한 사람들이며 아이나 어른이나 딸이나 아들이나 남자나 여자나 모두 다 하나님의 형상을 닮은 평등한 인간입니다. 바울의 말이 당시에도 충격적이었지만 지금도 이 말이 충격인 것은 참으로 놀라운 일입니다. "하나님이 자신의 형상으로 사람을 만들었다는 것은 하나님이 사람을 남자와 여자로 만들었다는 뜻입니다. 그러니 여자 없이, 남자 없이 서로가 어떻게 살아 갈 수 있겠습니까? 하나님의 형상이란, 여자와 남자라는 것입니다. 이것은 무엇보다도 성별의 문제가 아니라 사람이 하나 속의 둘(two in one)이라는 것입니다."[72] 여기에 '여자혐오' 니 '남성혐오' 는 설 자리가 없습니다.

하나님이 삼위일체이듯이, 삼위일체가 사랑으로 존재하듯이 인간은 남자와 여자로 된 이위일체(?)입니다. 인간은 두 형태로 분리된 한 인격체로 창조된 유일한 존재입니다. 이 둘의 관계는 사랑이며, 이 둘은 둘이 아니라 하나라는 근본적인 관계를 이루고 있습니다. 이 사랑은 성적이고 육체적인 사랑이자, 온 존재의 영적 사랑이며, 동시에 분리할 수 없는 사랑입니다. 이것이 성경이 말하는 남자와 여자의 관계입니다. 우리 그리스도인들은 하나님의 말씀으로 남녀관계를 설정해야 합니다. 그리스도인들은 서로를 무시하거나 자기보다 못한 존재로 보는 생각을 교정하는데 누구보다 앞장서야 할 것입니다. 그럼에도 불구하고 남녀차별에 기독교가 한몫하고 있으니 이 얼마나 안타까운 일입니까?

통일

여덟째, 통일문제입니다. 지금은 북한의 핵탄두 미사일을 놓고 전 세계가 관심을 기울이고 있습니다. 참으로 슬픈 일입니다. 이 세계에 있는 여러 나라 중 남북문제나, 동서문제로 한 나라가 나뉘어져서 비참하게 서로 적대하고 있는 나라는 우리나라밖에 없습니다. 오늘날 세계에서 공산주의는 사실상 없어졌습니다. 오직 남한에서만 반공주의 정신으로 완전 무장되어 있습니다. 반공주의는 단지 껍데기 이데올로기일 뿐입니다. 유감스럽게도 우리나라에서 반공의 선봉에 선 단체는 기독교이며, 영락교회 한경직 목사로부터 시작됩니다.[73] 밝혀지지 않았던 많은 역사적 내용들이 근래에 들어 많이 밝혀지고 있습니다. 역사적으로 부득이 한 것이기도 했지만 기독교가 반공주의 선봉에 서서 이 나라를 유지해 오는데 기여 했다는 것은 참으로 불행한 일입니다. 한경직 목사는 북한에서 김일성의 폭력적 모습과 기독교 파괴공작을 보고 남한에 내려와 반공주의에 앞장 선 것입니다. 그와 영락교회를 중심을 만든 〈서북 청년단〉은 '반민특위'[74]를 해체하고, 일제청산을 앞장서서 막은 사람들입니다. 반공주의는 미국이 우리나라에 개입하기 시작하면서 만들어놓은 이데올로기적 허상이라는 사실을 알아야 합니다.

북한과 남한의 관계는 한완상 박사가 말한 대로 '적대적 공생 관계의 비극' 입니다. 이 말은 북한이나 남한이나 반대편을 공격해야만 정권을 유지하는 비극적 현실을 두고 한 말입니다. 북한과 남한은 반공 이데올로기 때문에 정치, 경제, 국제관계 등에 얼마나 많은 불행한 일들이 일어났는지 역사적으로 오랫동안 기억할 것입니다.[75] 그런데도 우리나라 보수기독교인들은 반공주의가 무슨 진리인 것처럼 생각하고 좌파니 우파니, 종북이니 하는 말로 패를 가르는데 앞장서 왔습니다. 반공주의에 앞장 선 것이 한국보수주의교회로부터 출발했다는 사실을 알아야 합니다. 주님께서는 우리들에게 "평화를 만드는 자들(peace maker)"이 되라고 말씀하셨습니다. 우리는 개인적으로나 사회적으로나 어느 곳에 있든지 우리가 처한 자리에서 평화를 만드는 사람이 되어야 합니다.

지성

아홉째, 지성의 문제입니다. 노틀담 대학교의 역사학과 교수인 마크 놀박사(Mark Noll)는 『복음주의 지성의 스캔들』에서 "복음주의 지성이라고 할 만한 것이 별로 없다는 것, 이것이 바로 복음주의 지성의 스캔들이다. 북미 전역에 걸쳐 복음주의 개신교들은 예수그리스도의 구원메시지를 전하기 위해 엄청난 희생을 감수하기도 했지만, 그러나 이런 모든 미덕에도 불구하고 보수주의자들은 지성의 면에서 모범이 되지 못하며, 그리고 이런 상황은 벌써 몇 세대 째 계속 되고 있다."76)고 지적합니다. 마크 놀이 쓴 이 책을 본 뉴욕 타임즈 기자는 "복음주의는 지성을 무시하는 일종의 이단에 빠져있다"고 보도했습니다. 한국교회는 신앙과 관련된 일에 열심이지만, 그 외의 일들에 대해서는 깊고 넓게 생각하는 사람이 별로 없습니다. 균형을 잡아야 합니다. 지성이라는 말은 경제학, 정치학, 문학, 문학비평, 문예창작, 역사학, 철학, 문화학, 언어학, 사회이론과 예술을 비롯한 학문의 전 영역에서 그리스도인답게 사고하려는 노력, 기독교적인 세계관을 가지고 비판하고 생각할 수 있는 자들이 되어야 한다는 뜻입니다. 한국의 복음주의들은 대중적으로 숫자를 늘리는데 성공했을지 모르지만 다른 한편으로는 세상에서 영향력을 거의 상실했습니다. 복음주의자들은 지성계의 변방에 살고 있습니다. 이제 세계적 담론은 세속 지성인들이 만들어 내고 있으며 기독교는 그들과 싸울 수 없는 지경에 이르렀습니다. 지성과 이성을 과신하는 지성주의도 멀리해야 하지만, 지성과 이성을 적대시하는 반지성주의는 더욱 멀리해야 합니다. 한국교회는 믿지 않는 사람보다도 깊이 생각할 줄 아는 사람이 되어야 함에도 불구하고 그렇지 못한 것은 참으로 안타까운 일입니다. 함석헌 선생은 "생각하는 백성이라야 산다."는 말을 했습니다. 성경에는 하나님이 '생각하시는 분'이라고 여러 곳에서 말하고 있습니다. 하나님께서 주신 이성을 잘 사용하여 성경을 베뢰아 교인들과 같이 신사적이고 열린 마음으로 잘 살펴보는 훈련을 해야 합니다.

얼마 전에 저는 우리나라 현재 인구의 2/3가 1년에 단 한권도 책을 읽지 않는다는 통계를 보았습니다. 책을 사더라도 장식품으로 사는 경향이 많다고 합니다. 그래도 그리스도인이라면 최소한 한 달에 한 권은 책을 읽고 성경도 깊이 공부하도록 애써야 합니다. 목사들은 최소한 한주에 한 권씩은 읽어야 합니다. 칼 바르트는 "한 손에 성경을, 한 손에 신문을!"이란 말을 했습니다. 그렇듯 우리는 한 손에는 성경을 들고, 또 다른 한 손에는 책을 들어야 합니다. 한국교회에 깊이 뿌리박혀있는 반지성주의를 극복하고 더 깊고 넓은 곳으로 나아갈 수 있도록 해야 할 것입니다. 성경은 가장 높은 수준의 인문학적 책입니다. 예술, 역사, 정치, 경제, 문학, 노동, 교육, 전쟁 등을 모르면 성경을 깊이 알 수도 없습니다.

도덕적 인간과 부도덕한 사회

미국 대통령들을 비롯한 각계에 큰 영향력을 미친 미국이 낳은 세계적 신학자 나인홀드 니버(Reinhold Niebuhr)는 『도덕적 인간과 비도덕적 사회』에서 "보수주의는 무지와 편견 때문에 생긴 것"이라고 말합니다.[77] 니버의 이런 말을 들으면 한국보수주의 지도자들은 한결같이 자유주의자로 치부하여 버립니다. 우리는 예수님처럼 급진적 제자들이 되어야 합니다. 지금까지 예수님의 제자로서 우리가 자기 십자가를 져야할 몇 가지 영역들, 즉 기독교의 공공성, 공동선에 대하여 살펴보았습니다. 어쨌든 저의 견해에 동의할 수 없는 교인이라도 이러한 공공성의 문제에 대해서 기독교인들이 큰 관심을 가지고 진지하게 생각해야 할 것은 당연합니다. 물론 여기 몇 가지를 나누어 살펴본 것은 매우 제한된 내용입니다. 위의 것 이외에도 전쟁, 인권, 생명공학, 다문화 사회, 교육, 복지, 교회 각종 이데올로기 등 수많은 문제들이 있다는 사실을 알고 이 시대를 본받지 않는 그리스도인으로 살아가야 할 것입니다.

고난의 문제

이제 결론적으로 고난의 문제를 살펴보겠습니다. 고난은 자기 십자가를 지려는 성도들에게 거의 필수적으로 따라 오는 것입니다. 고난은 김세윤 교수의 말처럼 "믿음이 실재화하는 과정"입니다. 우리가 '나의 십자가'를 진다는 것은 고난을 받아야 한다는 말입니다.

하워드 요더(John Howard Yoder)는 그의 『예수의 정치학』에서 "십자가는 성도들이 견뎌내도록 하는 모든 종류의 고통, 질병, 혹은 갈등과는 다릅니다. 예수님의 십자가처럼 성도들의 십자가 역시 사회적 영합을 거부하는 대가입니다. 그것은 병이나 쓰나미처럼 설명할 수 없고 예측할 수 없는 고통이 아닙니다. 성경이 말하는 고난은 그 대가를 미리 계산한 뒤 자발적으로 선택하는 결단입니다."[78]고 말합니다.

물론 주님께서는 우리가 아프고 힘들 때 우리를 위로하시고 치유해 주실 것입니다. 그리고 이것을 위해 기도해야 할 것입니다. 성경이 말하는 '고난'은 수동적 고난이 아니라 적극적 고난을 말합니다.

> 의를 위하여 박해를 받은 자는 복이 있나니 천국이 그들의 것임이라 (마 5:10)
>
> 그리스도를 위하여 너희에게 은혜를 주신 것은 다만 그를 믿을 뿐 아니라 또한 그를 위하여 고난도 받게 하려 하심이라 (빌 1:29)

우리는 이 땅을 살아갈 때 예수님이 말씀하신 성경적 세계관과 세상 사람들이 가진 세계관이 다르기 때문에 필연적으로 가치

충돌을 경험할 수밖에 없으며, 필연적으로 어려움과 고난을 겪
게 되는 것입니다. 본회퍼(Dietrich Bonhoeffer, 1906년~1945년)
가 『제자의 길과 십자가』에서 "십자가를 감당하는 것은 비극이
아닙니다. 예수 그리스도에 대한 충성의 열매가 바로 고난입니
다. 고난은 우연이 아니라 필연입니다. 십자가는 이 세상에서 우
리의 생활과 분리할 수 있는 고난이 아니라 오히려 그리스도인의
생활의 본질적인 부분입니다. 십자가는 고난만이 아니라 버림
받음입니다."[79]고 했습니다. 값비싼 은혜는 고난을 향한 다짐을
말합니다.

> 너희는 이 세대를 본받지 말고 오직 마음을 새롭게 함으로 변화
> 를 받아 하나님의 선하시고 기뻐하시고 온전하신 뜻이 무엇인지
> 분별 하도록 하라.(로마서 12:2)

그리스도인에게 '이 세대를 본받지 말라' 는 말은 우리가 살고
있는 시대정신을 따르지 말아야 함을 의미합니다. 즉, con-form
하지 말라는 뜻입니다. 여기서 con은 together(함께)라는 뜻을 가
지고 있고, form(꼴)은 fashion(유행), style(양식), world view(세계
관)라고 할 수 있습니다. 그러니까 성도들은 세상의 패션 또는 세
상적 세계관, 시대정신을 따르지 말고, '오직 마음을 새롭게 하
여' 즉, trans-form(변형시키다)하여 세상적 삶의 양식과 패턴을

따르지 말라는 것입니다. trans는 다른 상태로 변화, 이전한다는 뜻을 가지고 있습니다. 즉 하나님의 뜻이 무엇인지를 세상 속에서 분별하고, 증명하면서 살아야 한다는 뜻입니다. 우리말 번역은 '분별하라' 고 되었지만 대부분의 영어 성경은 '증명하라' 고 번역되었습니다. 분별은 어떤 것을 인식하는 의미가 강하지만 '증명하다' 는 말은 실천을 강조하고 있습니다.

이 세대를 본받지 말라

한국에는 자신의 기독교 신앙을 과시하는 정치가들, 고관들, 사업가들이 많습니다. 그러나 그런 대통령, 또는 국회의원 후보들을 보면 대개 기독교 교인들의 저열한 패거리 정신을 이용하여 표를 많이 얻어 권력을 얻을 생각만 하고, 권력을 얻으면 그것을 주로 자신들의 가족, 친지, 소속그룹들 즉, 당이나 지연 또는 학연 등으로 만들어진 그룹들의 이익을 위해 사용하는 것을 봅니다. 불행히도 국회의원으로서 또는 대통령으로서 하나님 나라 실현을 위해 자신들에게 부여된 사명을 감당하려는 의지를 가지고 현실정치의 제약 속에서도 자유와 정의와 평화 등의 하나님 나라의 가치들을 최대한 실현하기 위해 법제도를 만들고 정책을 수립하고 집행하려고 노력하는 사람들은 찾아보기 어렵습니다. 왜냐하면 그들의 신앙 또한 한국교회 보수주의 신봉자들이기 때문입니다. 그들이 사도 바울이 가르치는 소명 사상을 가지고 자신들의 직책을 수행한다면 우리나라는 자유, 정의, 평화, 복지가 얼마나 크게 실현되는 나라가 되겠습니까? 이것이 세상에서 소금과 빛이 되는 것입니다. 이러한 아름다운 모습을 보일 때 복음은 믿지 않는 사람들에게 호감을 받을 것이고 전도도 잘 될 것입니다.

그러나 불행히도 기독교 정치인들과 고관들은 주의 이름을 헛되이 부르며 세상의 권모술수로 정치하고 사리사욕을 위해 권력을 휘둘러 우리나라를 불의와 갈등 그리고 부패의 문제들이 심각한 나라로 만드는 데 공헌하고 있으니, 얼마나 안타까운 일입니까? 자신들에 대한 하나님의 소명을 저버린 많은 목사들, 특히 여러 대형교회들의 목사들의 비행과 추태와 더불어, 하나님의 통치에 순종함이 없이 정치하며, 권력을 행사하는 그런 기독교 정치가들과 권력자들이 세상 사람들로 하여금 한국교회를 조롱하고, 하나님의 이름을 욕되게 하는 데 가장 크게 공헌하고 있습니다.

그리고 이것이 오늘 한국교회의 큰 비극입니다. 그들이 바울의 말한 '칭의 복음'을 '구원파' 식으로 오해하고, 바울의 소명론까지 포함하는 복음을 제대로 믿고 순종하지 못했기 때문입니다. "성도들이 모이는 교회가 하나님 나라의 모델인 대조공동체, 대안공동체, 대항공동체로서 이 땅에 소망이 되고, 비전을 제시하고 실천하는 자들이 되어야 할 것입니다."[80] 제 몫을 다 찾아 먹는 사람이 아니라 손해를 보는 사람, 장애인이 차를 기다리고 있을 때 돈을 받지 않고 목적지까지 데려다 주는 택시기사와 같은 사람들이 많이 나와야겠습니다. 저는 그리스도인들 중에 잘못된 부분에 대해서 용기있게 말할 수 있는 내부고발자가 많았으면 좋겠습니다. 예수님께서는 자신이 유일한 길(The Way)이요, 유일한 진리(The Truth)와 유일한 생명(The Life)이라는 엄청난 말씀을 하셨습니다. 복음이 나에게 정말 길과 진리와 생명이 되는지 생각해 보시기 바랍니다. 성경신앙은 미신이나 마술종교와 같은 참을 수 없이 가벼운 것이 결코 아닙니다. 2017년 어느 교단 총회에서 요가와 마술을 조심해야한다고 말했습니다. 저는 이 말을 들으면서 한국교회 자체가 바로 마술을 믿는 당사자가 아닌가하는 생각을 했습니다.

우리는 합리적 의심을 가지고 계속 추구하면서 하나님을 깊이 만나는 삶을 살아야 합니다. 우리는 정말 실재하시는 삼위일체 하나님을 믿고 경험해야 합니다. 우리는 세상의 빛(마5:14)이요, 그리스도의 향기(고후 2:15)요, 그리스도의 편지(고후 3:1)입니다. 우리가 이 땅에 그리스도의 대사(ambassador, 고후 5:20)로 살아갈 때 진리는 빛날 것입니다. 성경적 세계관으로 한국인의 집단의식 교정이 일어나기를 간절히 소원 합니다. 십자가는 자신을 해체하고, 모든 자기중심적 나르시시즘으로부터 벗어나야 할 것을 말하고 있습니다. 그리스도인들은 세상을 뒤집는(upside down the world 사람들로서 세상을 치유하고 회복하는 사람들이 되어야 할 것입니다. 우리는 하나님나라복음을 이 땅에서 구현하며 누림으로써 그것이 위대한 진리임을 증거하고, 행복하고 아름답게 인생을 살아가야 할 것입니다.

구원파

　소위 "구원파 '는 박옥수, 유병헌, 권신찬 등 구원파는 긴장의 제거와 무율법주의라는 특징을 동시에 드러냅니다. 구원파에서는 모종의 종교 체험의 순간에, 단 한 번의 회개로 과거, 현재, 미래의 모든 죄를 용서받는다고 말합니다. 그래서 구원파는 대체로 한 번 회개한 이후 또다시 회개하는 것을 불신앙으로 간주합니다. 한번 회개하면 십자가 보혈로 완전히 뿌리까지 뽑혀 버린다고 말합니다, 한번 거듭나면 영원히 죄의 문제가 해결된다고 강조 합니다. ' 회심 후 또 회개하는 것은 아직 구원의 확신을 얻지 못했음을 뜻한다고 말합니다. 그러면서 한 번 회개한 죄를 또 회개하는 것이 어떻게 가능하냐고 그들은 묻습니다.

　사실 어느 면에서 그들의 질문은 상당히 논리적이고 합리적입니다. 그러나 우리는 누가 택한 자인지 정확히 모릅니다. 누가 택한자인지는 그의 삶이 증언해줄 것입니다. 그런 고로 인간 편에서는 지속적으로 회개하여 죄를 떨치려는 노력을 해야만 하는 것입니다.

그런데 구원파의 교리체계에는 이러한 변증법적 긴장이 없습니다. 만일 한 번 구원받은 것이 확실하다면 그는 과거, 현재, 미래의 모든 죄에 대한 용서를 지금 체험하는 것이 마땅하다는 것입니다. 따라서 한 번 회개하면 다시 회개할 필요가 없을 수밖에 없습니다. 결국 관건은 지금 내가 구원을 받았느냐 받지 못했느냐 입니다. 그리고 이것은 구원파가 지속적으로 강조하는 것입니다. 구원파는 늘 "구원받았습니까?"라고 묻습니다.

그들은 '특정한 순간의 구원 체험'을 강조합니다. 그 체험의 본질이 무엇인지에 대해서는 논란이 많습니다. 구원파는 그러한 구원체험을 과거, 현재, 미래의 모든 운명이 걸려 있는 오메가 포인트라고 여깁니다. 그 체험을 통해서 구원파는 자신의 구원을 확신할 수 있다고 말합니다.

만일 내가 구원받았는지 확실히 알 수 있고, 또 한 번 구원은 영원한 구원이라고 말합니다. 맞다는 죄 용서를 받는 순간 나는 모든 죄책감으로부터 완전한 해방을 맛볼 수 있다는 것이 구원파의 논리적 귀결입니다. 죄책감으로부터의 실제적이고 완전한 해방은 구원파가 가장 강조하는 주요 가르침입니다. 그리고 그 완전한 해방은 먼 미래에 약속된 종말론적 평화가 아니라 바로 지금 이곳에서 맛볼 수 있는 죄 용서의 기쁨이라고 약속합니다. 죄책감으로부터의 완전한 해방과 완전한 평안을 종말론적 실제가 아니라 역사적 실체로 지금, 여기서 맛볼 수 있다고 주장합니다. 구원파의 이러한 주장 속에서는 '이미' 만 남고 '아직' 은 제거됩니다. 그 때문에 하나님나라의 미래성은 불신앙으로 정죄되고 오직 현재성만 남습니다.

구원의 역사적 체험 속에서 하나님나라는 이미 임했습니다. 자, 천국이 여기 있습니다. 만일 지금 이곳이 천상의 삶이라면 우리의 신앙을 얽어매는 모든 의무, 형식, 절차, 규율이 다 무슨 필요가 있단 말인가요? 하기 싫은 모든 것은 하지 마라. 종교적인 형식과 의무를 때려치워라. 주일 성수와 십일조, 새벽예배, 금요철야, 금식, 각조 모임과 절기는 다 율법입니다. 그것들은 모두 구원받은 교인을 얽어매는 낡은 율법입니다. 모든 율법을 과감히 벗어버리십시오! 이처럼 구원파는 교인들에게 놀라운 해방감을 제공합니다.

"만일 내가 구원받은 것이 확실하다면 나는 살인해도 구원받을 수 있어!" 그들은 자기가 이 땅에 일에 대하여 무관심 할 수밖에 없습니다. 아주 편한 복음입니다.

이것이 구원파의 논리적 귀결이기도 합니다.

문제는 한국 보수교회에 만연해 있는 구원론이 내용상으로는 실제로 구원파와 별 차이가 없습니다. 오늘날 한국 보수교회는 허황된 약속을 남발하고 있습니다. 자신이 구원받은 사실을 알수 있다고 하고, 한 번 구원은 영원한 구원이라고 주장합니다. 이러한 구원파와 한국 보수교회가 가진 지극히 비성경적인 가르침이요, 거짓 복음입니다. 구원받은 자로서 실천과는 무관합니다. "사랑하는 자들아 영을 다 믿지 말고 오직 영들이 하나님께 속하였나 분별하라, 많은 거짓 선지자가 세상에 나왔음이라"(요일4:1) 우리는 영을 분별해야 합니다. 영을 분별한다는 뜻은 무슨 투시의 은사를 받아서 사람의 마음속에 꿰뚫어본다는 말이 아닙니다. 영 분별이라 함은 교리나 삶을 차근차근 점검하고 성경의 가르침과 대조해보면서 비판한다는 뜻입니다. 거짓된 복음, 그릇된 설교는 거짓 영입니다.

허호익, 『한국의 이단 기독교』, (서울: 동연, 2016), 335-383.

나가면서

지금까지 우리는 죄, 율법, 예수님의 십자가, 용서, 나의 십자
가에 대한 성경 신앙의 핵심들을 살펴보았습니다. 본회퍼는 "성
경은 유쾌하다거나 처음부터 쉽게 이해되는 책이 아니라 여러
면에서 매우 낯설고 우리의 생각과 완전히 반대입니다"라고 말
했습니다. 성경은 우리의 생각을 뛰어넘는 것이고, 뒤집는 것이
고, 충격적입니다. 이 책은 왜곡된 구원론 때문에 행함과 실천이
부족한 한국교회를 염두에 두고 쓴 저의 절규입니다. 이 점이 한
국교회의 위기의 원인이기 때문입니다.

"하나님의 왕적인 통치에 복종하기 위해서는 구원을 받아야
합니다. 더 정확하게 말해 하나님의 다스림에 거역하고 하나님
의 법도와 윤리의 저항하며 반역하는 삶이 죄와 죽음이요, 하나
님의 영으로 추동되어 율법의 요구를 이루어 사는 것, 하나님의
통치를 받아들이는 삶이 구원입니다. 그러므로 하나님께서 죄

인을 구원하는 행위 자체는 죄인을 거룩하게 하는 행위인 것입니다. 구원 받은 죄인은 하나님의 거룩한 인격 앞에서 자유함을 누리며 그분 앞에 자발적으로 복종하는 존재가 되는 것입니다. 구원받은 성도가 많은 사회일수록 그 사회는 하나님의 다스림을 더욱 철저하게 구현하는 공동체로 발전 할 수 있습니다. 나사렛 예수의 인격과 사역 안에서 활동하는 하나님나라는 예수 그리스도를 주로 영접하는 개인들을 변화시킴으로써 시작되고, 궁극적으로 세계 변화와 세계 갱신을 기도하는 교회 공동체를 탄생시킴으로써 비약적으로 확대됩니다. 나사렛 예수가 가져오신 용서하는 은총과 구원은 결국 구원 받는 사람을 나사렛 예수처럼 하나님 앞에서 자신을 부인하고 복종하는 삶을 살게 만들기 때문에 세상은 예수 그리스도를 주로 영접하는 자들에 의해 거룩한 동요에 사로잡히게 됩니다. 그리스도인은 이 변혁적인 십자가 말씀의 동력에 이끌리어 기존 현실 이해를 뒤집어엎고 주변 세계와 문화를 변혁하며 갱신시키는 하나님 나라 운동 속으로 불가항력적으로 끌려가게 되는 것입니다. 예수를 주(主)라 고백하면 자기 부인과 진리에 대한 복종을 가능케 하는 성령의 붙들린 교회가 출현함으로써 하나님이 작정하신 종말의 환상이 영적 상상력의 지평 위에 떠 오르게 됩니다."[81] 이것이 바로 하나님 나라의 복음입니다! 이것이 두 개의 십자가를 믿는 성도들의 진정한 모습입니다.

그런데도 지금 하나님 나라가 세상 나라에 대한 복된 공격은 커녕 오히려 세상 나라에 의해 하나님 나라가 무차별적으로 공격 당하는 안타까운 현실입니다. 하나님 나라의 전진기지인 교회는 모든 영역에서 성경적 세계관과 하나님나라 관점에서 볼 수 있는 제자들이 정치, 경제, 사회, 노동, 교육, 환경, 예술 활동 등 여러 분야에서 국가적으로 아니 세계적으로 훌륭한 그리스도인들 인재들이 나오기를 바랍니다. 이러한 제자들이 나오지 않는다면 세계의 모든 영역은 세상나라의 독무대가 될지도 모를 상황입니다. 악이 횡행할때 선이 아무것도 하지 않는다면 악이 세상을 지배 할 것은 뻔한 일입니다. 교회는 신학적 실체이면서 사회적 실체요, 윤리적 실체이기도 합니다. 교회가 아무리 세상과는 상관없다고 말해도 교회는 이 세상에 존재함으로써 사회적 윤리적 실체임을 들어내야 합니다. 그러므로 교회는 사회 안에서 윤리적 규범과 행동 목표를 제시하고 스스로 모범적인 모임으로 대조사회로서 사명을 다 해야 합니다. 특히 오늘과 같은 인간성 파괴, 윤리적 규범의 혼란 그리고 극도의 물질주의와 이기주의를 대적할 수 있으려면 교회는 더한층 자신의 윤리적 삶의 근거를 확고하게 해야 할 것입니다.

"교회는 이 세상의 한 복판에서 하나님 나라가 무엇인가를 보여 주도록 부름을 받았습니다. 그럼에도 불구하고 사실상 한국 보수주의 교회는 성경이 말하는 하나님 나라 질서를 보수하는 것이 아니라 자끄 엘륄이 말하듯이 주류 지배 이데올로기의 포로가 되었습니다. 즉 일본 강점기 때는 친일 기독교, 독재시대 때는 박정희의 기독교, 신자유주의 무한경쟁시대는 신자유주의적 기독교가 교회와의 연결고리를 강하게 붙들고 보수 하고 있습니다. 기독교 정당을 대표하는 후보가 대통령이 되고 장관이 되고 시장이 된다고 해서 하나님의 다스림이 그 영역에 자동적으로 관철 된다고 생각하는 것이야말로 큰 착각입니다. 우리나라 인구의 60% 이상이 교회에 다니면 하나님 나라가 왕성해질 것이라고 생각하는 것도 마찬가지입니다. 하나님 나라 운동은 국가나 학교나 기업의 운영원리에 획기적인 전환을 요구하는 것이지, 단순히 기독교적 가치를 표방하는데 머물지 않기 때문입니다. 이러한 가운데 소위 한국보수적 교회들은 중립적 무풍지대 머물며, 보수적인 기득권세력의 요새를 엄호하는 형국입니다. 한국교회는 민심으로부터 멀리 멀어져 버렸습니다. 억울하고 원통한 눈물이 얼마나 더 쏟아져야 한국 교회가 철이 들것입니까?"[82]

부끄럽게도 한국교회는 믿지 않는 사람들에게 호감을 주지 못하고 있습니다. 통계에 의하면 종교 호감도에서 가톨릭 불교 개신교 순으로 나타나고 있습니다. 이것은 한국 교회가 믿지 않는 사람들에게 관심의 대상이 되지 못하고 있다는 엄연한 현실을 보여주고 있습니다. 특히나 한국교회 근본주의는 한마디로 폐쇄성, 자기 중심성, 공격성, 배타성 이라는 공통점이 있습니다. 한국교회가 근본주의적 형태를 계속 취한다면 오히려 시대를 역행하는 이익 집단으로 전락 할 것입니다. 영국의 위대한 역사가 아놀드 토인비(Arnold Toynbee)가 말한대로 "어느 역사, 어느 종교가 살아남기 위해서는 열린 자세로 변화를 수용하고 도전에 응전할 수 있는 창조적 소수자(creative minority)가 되어야 한다"고 말합니다. 우리가 전도할 때 믿지 않는 사람들에게서 가장 많이 듣는 말은 교회에 다니는 사람들이 너무 이중적이고, 위선적이며, 기복적이고, 보수적 그것도 깡 보수란 말을 듣는가 하면 심지어 고리타분하고 나아가 평균적인 도덕성도 갖추지 못한다는 말을 자주 듣습니다. 종교개혁 500주년 기념하면서 한국교회에 철저하게 회개하는 역사(役事, work)가 일어나고, 구원 받은 하나님 나라 시민으로써 두 개의 십자가를 믿고 실천하는 성도들이 많이 나와야 겠습니다.

하나님이여! 한국교회와 지도자와 성도들을 떠나지 마시고 성령님을 보내 주셔서 갱신과 옛 구조를 허물어뜨리는 회개운동이 일어나게 하옵소서. 이 땅에 하나님 나라의 교회가 세상 나라와 다른 대조사회를 이루어 이 땅을 변화 시키는 대안 사회가 될 수 있도록 하여 주시고, 세상 나라의 질서를 역전 시키며 전복시키는 하나님의 크신 도구가 될 수 있도록 회복을 허락 하옵소서. 한국교회가 철저하게 회개하는 역사가 일어나 하나님 나라의 모델 하우스가 되게 하여 주옵소서. 에스겔 골짜기의 마른 뼈들이 하나님의 영으로 살게 하는 역사가 일어나게 하옵소서. 우리의 큰 희망인 '새 하늘과 새 땅'에 대한 흔들림 없는 비전을 가지고 이 땅에 하나님이 원하시는 정의와 샬롬이 입 맞출 때까지 이 땅에 이루어 갈 수 있는 성령의 능력을 주옵소서! 하나님나라가 하늘에서 이루어진 것 같이 땅에서도 이루어지게 하옵소서! 아멘.

미주

1) 알렉시스 카렐, MAN, *The Unknown*, 이희구 역, 『인간, 그 미지의 존재』 (서울: 한마음사, 1986), 20-21.

2) 그레고리 K. 빌, 『성전신학』, *The Temple and the Church's Mission*, 강성 열 역, (서울: 새물결플러스, 2014). 이 책은 성경에 나타난 성전에 관한 책 으로 신구약에 나타난 대표적 주제이다. 이 책은 에덴동산에서 시작해서 요 한계시록까지 성전 모티브가 어떻게 일관 되게 신구약성경 전체에 나타나 는지 보여 주고 있다. 우주 창조 자체가 성전건축이다. 예수님께서는 성전 이 하나님 나라와 연결되어 있음을 말씀 하셨다.

3) 본회퍼, *Schopfung und Fall*, 강성연 역, 『창조와 타락』(서울: 대한기독교 서회, 2010), 143.

4) 헤르만 바빙크, *Magnaliz Dei*, 김영규 역, 『하나님의 큰 일』(서울: 기독교문 서선교회, 1984), 231.

5) 김회권, 『모세 오경』, (서울: 복있는사람, 2017), 90-104.

6) 한나 아렌트, *Eichmann in Jerusalem*, 김선욱 역, 『예루살렘의 아이히만』 (파주: 한길사, 2006), 346-348.

7) 칼 야스퍼스, 『죄의 문제』, *Die Schuldfrage*, 이 재승 역, (서울: 앨피, 2014), 182.

8) 호세 안토니오 하우레기, 에두아르도 하우레기, *Juicio a Los Humanos*, 김

유경 역,『동물들의 인간 심판』(서울: 책공장더불어, 2017), 214-218.

9) 스캇 펙, *The Road Less Traveled*, 신승철, 이종만 역,『아직도 가야 할 길』
(서울: 열음사, 2007), 398-406. 여기에서 저자는 '태만'의 중요성을 말하
는데, 여기서 말하는 '태만'이 인생의 중요한 문제들에 대해서 무관심할 뿐
만 아니라 여기에 대한 열정을 가지지 못하고 그저 살아가기만하는 사람들
의 모습을 일컬어하는 말이다.

10) 바바라 브라운 테일러, *The Lost language of Salvation*, 정다운 역,『읽어
버린 언어를 찾아서』(서울: 피아, 2016), 44-45.

11) 바바라 브라운 테일러, *The Lost language of Salvation*, 정다운 역,『읽어
버린 언어를 찾아서』(서울: 피아, 2016), 88.

12) 홍인규,『바울신학사색』(용인: 킹덤북스, 2016), 215. 예를 들면, "죄가 세
상에 들어오고"(롬5:12), "죄가 사망 안에서 왕노릇 한 것 같이"(롬5:21),
"우리가 죄에게 종 노릇 하지 아니하려 함이니"(롬6:6), "죄로 너희 죽을 몸
에 왕 노릇하지 못하게 하여"(롬6:12), "너희 지체를 불의의 병기로 죄에
게 드리지 말고"(롬6:13), "죄가 너희를 주관하지 못하리니"(롬6:14), "죄
의 종으로 사망에 이르고"(롬6:16), "너희가 본래 죄의 종이더니"(롬6:17),
"너희가 죄의 종이 되었을 때에는"(롬6:20), "죄의 삯은 사망이요"(롬
6:23), "죄가 기회를 타서"(롬7:8), "죄는 살아나고 나는 죽었도다"(롬
7:9), "죄가 기회를 타서 계명으로 말미암아 나를 속이고"(롬7:11), "이것
을 행하는 자가 내가 아니요 내 속에 거하는 죄니라"(롬7:17), "이를 행하
는 자가 내가 아니요 내 속에 거하는 죄니라"(롬7:20) 그러나 로마서 4:8과
5:20에 언급된 죄(하마르티아)는 단수이지만 인격화되어 있지 않아 죄악된
행동을 가르키는 것 같다.

13) 홍인규, 앞의 책, 213-256. 이 내용은 김세윤 교수와 함께 바울신학에 우리
나라의 대표적인 신학자인 홍인규 교수의 글을 저자의 허락을 받아 전반적
으로 인용하고 빼고 더하면서 필자가 독자들이 쉽게 볼 수 있도록 재구성 한
것입니다.

14) "하나님의 능력"과 "죄의 세력"은 대조적인 말로 죄의 세력은 죽이는 것이

요, 하나님의 능력은 살리는 것이다. 죄의 세력은 하나님의 능력과 비교할 수 있을 정도의 큰 힘을 가지고 있다는 사실을 알아야 될 것이다. 로마서 1:16에서 복음은 '하나님의 능력'이란 그리스도를 통하여 죄(하마르티아)의 세력을 정복하고 하나님의 통치를 수립시키신 하나님의 행동을 가리킨다. 구원이란 죄의 세력에서 해방되어 하나님의 통치 안으로 들어가는 것이다. 홍인규, 『로마서 어떻게 읽을 것인가』, 35.

15) 자끄 엘륄, *La Subversion du Christianisme*, 박동열, 이상민 역, 『뒤틀려진 기독교』(대전: 대장간, 2012), 297–299.

16) 라인홀드 니버, 『인간의 본성과 운명』, *The Nature and Destiny of Man*, 오희천 역, (서울:종문화사, 2013) 295–314.

17) 홍인규, 『바울신학사색』, 228–229.

18) 제임스 D.G.던, *The Theology of Paul the Apostle*, 박문재 역, 『바울신학』(고양:크리스챤다이제스트, 2003), 165–167.

19) 디트리히 본회퍼, *Schopfung und Fall*, 강성영 역, 『창조와 타락』, (서울: 대한기독교서회, 2010), 134.

20) J. 크리스챤 베커, *Paul The Apostle*: *The Triumph of God in Life and Thought*, 장상 역, 『바울의 생애와 사상에서의 하나님의 승리』(서울: 한국신학연구소, 2004), 336.

21) 자끄 엘륄, 『뒤틀려진 기독교』, (대전: 대장간, 1990) 18–19.

22) '구원'을 말하는데 왜 예수님이 아닌 사도바울이 나오는가? 참 중요한 문제다. 예수님은 사복음서에서 구원에 대한 자세한 말씀을 하지 않으셨다. 바울은 예수의 결정적 순간 이외는 예수의 생애와 사역에 관하여 거의 아무것도 말해 주지 않는다. 그렇다면 우리의 구원은 어디에 근거하는가? 그러나 바울은 예수님의 십자가 죽음과 부활을 중심으로 그의 구원론을 구성한다. 복음주의 신학자들과 자유주의 신학자들 사이에 이 문제에 대하여 입장차이가 크다. 자유주의자들은 "바울은 기독교의 창시자"라는 말을 좋아한다. 김세윤 교수는 "신약 성경의 복음서들에서 바울 서신들로 옮겨 갈 때, 우리는 바울 서신에서 예수님의 말씀의 인용들이 사실상 결여되어 있음으로 인

해 충격을 받게 됩니다. 바울은 예수 그리스도와 그의 구원 사역을 선포의 핵심으로 삼으면서도 예수님의 죽음과 부활을 제외하고는 예수님의 말씀들을 거의 인용하지 않고 그의 행위를 언급하지 않고 있습니다. 윤리적인 권면들 속에서 바울은 예수님의 말씀들과 유사한 가르침을 주고 있으면서도 좀처럼 예수님의 말씀들을 인용하지는 않습니다. 바울 서신들 내에는 예수님의 말씀들에 대한 몇몇 암시나 반영들이 있어 보이지만 그것들은 매우 암시적이며, 따라서 거기에는 올바른 식별을 위한 적절한 기준의 문제가 있습니다. 어쨌든 그러한 암시들과 반영들이 그리 많아 보이지 않는다는 것만은 확실합니다. 이러한 현상은 예수님과 바울 간에 종종 보게 되는 연속성과 대조해 보면 수수께끼 같은 것을 발견하게 됩니다. 바울이 예수님의 말씀들을 언급하는 경우가 이렇게 드물고 암시적 성격을 가지고 있기 때문에 몇몇 비평가들은 바울이 예수님의 전승을 그다지 많이 알지 못하였거나 예수님의 전승이나 역사적 예수에 관하여 전혀 관심이 없었다는 결론을 내리기도 합니다." 김세윤, *Paul and the New Perspective*, 정옥배 역, 『바울신학과 새 관점』(서울:두란노, 2002), 413, 482. 이 외에 예수와 바울에 관해 더 알기 위해서 헤르만 리델보스, *Paul and Jesus*, 이한수 역, 『바울과 예수』(서울: 한국로고스연구원,1984) 참고

23) 제임스 던, 『바울신학』, 박문제 역, (고양, 크리스챤다이제스트, 2003), 464-465.

24) 다양한 은유들을 제임스 던은 『바울신학』에서 '희생제사', '구속', '화해', '승리자 그리스도', '칭의', '해방', '유업', '새로운 피조물'로, 레온 모리스(Leon Morris)는 『속죄의 의미와 중요성』에서 '언약', '희생제사', '속죄일', '유월절', '구속', '화목', '화목제물', '칭의'로, 김세윤은 『구원이란 무엇인가』에서 '제사', '화해', '구속', '새 언약', '칭의', '화해', '하나님의 아들됨', '새로운 피조물'로, 홍인규는 『바울신학사색』에서 '칭의', '화해', '해방', '소유권의 변경', '죽고 살아나는 것', '새 창조'로, J. 크리스챤 베커는 『바울의 생애와 사상에서의 하나님의 승리』에서 크게 '해방의 상징체계', '칭의 상징체계', '화해의 상징체계'의 세 가지로 나누며 위의 내용들을

포괄적으로 다룬다.

25) 화목제물(롬 3:25)은 '속죄제물', '속죄소' 등으로 번역 하는데 학자들 간에는 어떻게 번역할 것인가를 가지고 논쟁하고 있다.

26) 속(贖)은 '바칠 속'으로 재물을 가지고 죄를 면죄 받다. 또는 바꾸다의 뜻을 가지고 있다. 속죄(贖罪)는 재물을 내고 죄를 면함, 속량(贖良)은 노예를 풀어 자유인, 평민이 되게함. 량(良)은 자유인, 평민을 말함. 속전(贖錢)은 돈을 주고 형벌에서 벗어남. 전(錢)은 돈을 말함.(그랜드 국어사전 참고) 구속(救贖), 대속(代贖)등 성경에서 비슷한 용어들이 뒤섞여 있어 혼란스럽지만 대체로 비슷한 뜻을 갖지만 상황에 따라 다를 뿐이다.

27) 토머스 커닐리, *Schindler's List*, 『쉰들러 리스트 1, 2권』, (서울:크리스찬 월드, 1994) 참고.

28) 홍인규, 『바울신학사색』, (서울:킹덤북스, 2016) 401.

29) 김용주, 『칭의, 루터에게 묻다』, (서울: 좋은 씨앗, 2017) 루터의 칭의신학을 알기 위해서는 이 책을 참고 할 것. 이 책은 저자가 루터가 쓴 원문을 중심으로 저술한 것입니다.

30) 김세윤, 『칭의와 성화』, (서울: 두란노, 2015), 66-67.

31) 김세윤, 『칭의와 성화』, (서울: 두란노, 2015), 68-69.

32) 존 하워드 요더, *The Politics of Jesus*, 신원하 권연경 역, 『예수의 정치학』, (서울:IVP, 2007) 381,382쪽]

33) 요아킴 예레미아스, *New Testament Theology*, 정충하 역, 『신약신학』(서울: 새순출판사, 1991), 102-111. 구약성경 어디에서도 우리는 하나님을 '아버지'로 부른 것을 찾지 못한다. 예수님께서 하나님을 '나의 아버지'로 부른 사실은 매우 특이한 것으로 아람어 형태인 '아바'를 사용하는 것은 더욱 그렇다. 사실 이 단어는 오직 마가복음 14장 36절에만 나타나지만 예수님께서 기도하시면서 하나님께 대한 호칭으로서 아바를 사용하셨다. 그리고 우리들에게도 '아바, 아버지여'를 사용하도록 하셨다.(롬8:15: 갈4:6) 우리는 유대주의에서 하나님이 '아바'로 불려진 예를 단 하나도 찾을 수 없는 반면, 예수님은 자신의 기도 가운데 하나님을 항상 '아바'로 부른 사실

이다. 하나님께 대한 호칭형태로서의 아바는 예수의 사명의 궁극적인 신비를 표현한다. 그는 자신이 하나님의 계시를 전달하는 권세를 가졌음을 의식하였다. 왜냐하면 하나님은 그에게 자신을 아버지로서 알게 하셨기 때문이다.(마11:27).

34) 김세윤, 『칭의와 성화』,(서울: 두란노, 2015), 76-77.

35) 홍인규, 『바울신학사색』,401.

36) 김세윤, 김세윤, 『칭의와 성화』,(서울: 두란노, 2015), 62-63.

37) 알리스터 맥그라스, *Roots that Refresh: A celebration of Reformation Spirituality*, 박규태 역, 『종교개혁의 영성』(서울: 좋은씨앗, 2005), 287-289.

38) 폴 투르니에, *Guilty and Grace*, 추교석 역, 『죄책감과 은혜』(서울: IVP, 2001), 275.

39) 존 하워드 요더, 『예수의 정치학』, 402쪽

40) 존 하워드 요더, 앞의 책 101-102쪽

41) 임세근, 『단순하고 소박한 삶』,(서울:도서출판 리수,2013) 4-5. 아미쉬는 종교개혁 당시 래디칼한 재세례파, 메노나이트의 한 기독교 종파로 가톨릭, 루터파, 칼빈파 등으로부터 말할 수 없는 박해와 시련으로 점철된 역사를 가지고 있다. 미국 펜실바니아주로 이민 온 신앙인들로 세상에 잘 알려지지 않았다가 영화 '위트니스'(Witness)로 세상에 알려지기 시작한다. 아미쉬는 재세례파 중 메노나이트의 교회의 한 유파이다. 그들은 일체의 전기, 전화, 자동차등 현대문명을 거부하고 근면, 검소, 절제로 얻은 건강한 심신을 가진 그리스도인들이다. 아미쉬 사건을 더 자세하게 알기 원하는 독자는 도널드 크레이빌, 스티븐 놀트외, 『아미시 그레이스』, 김재일 역, (서울:뉴스앤조이, 2009)를 참고

42) 바바라 브라운 테일러, *The Lost language of Salvation*, 정다운 역, 『읽어버린 언어를 찾아서』(서울: 피아, 2016), 216-217.

43) 한나 아렌트, *The Human Condition*, 이진우, 태정호 역, 『인간의 조건』, (파주, 한길사,2015) 300-306.

44) 용서는 물질적 차원과 영적 차원 모두를 가지고 있습니다. 일반적으로 사용하는 영적차원은 죄용서로 번역하고 물질적 차원에서는 아람어에서 "빚"을 물질적인 채무와 관계적인 채무 모두를 표현하고 있습니다. 제자들은 어떤 보상도 기대하지 않고 빌려주어야 합니다.(마 5:42) 그리고 이러한 아낌없이 주는 실천은 채무를 면제해 주는 수준으로 확장되어야 합니다. 채무는 예수님 시대의 가장 억압적인 경제문제 중 하나였습니다. (글렌 스타센 & 데이비드 거쉬, *Kingdom Ethics*, 신광은 박종금 역, 『하나님의 통치와 예수 따름의 윤리』 (대전:대장간, 2011) 612–613쪽)

45) 미로슬라브 볼프, *Free of Charge*, 김순현 역, 『베풂과 용서』,(서울: 복있는 사람, 2008), 201–203. 볼프가 쓴 책으로『베풂과 용서』가 개인적인 차원에서 본 것이라면『배제와 포용』(서울: ivp, 2013)은 정치, 사회적인 용서를 다루고 있다.

46) 미로슬라브 볼프, 『베풂과 용서』 201–202.

47) 미로슬라브 볼프, 『베풂과 용서』, 207.

48) 니콜라스 월터스토프, *Justice ln Love*, 홍종락 역, 『사랑과 정의』 (서울: ivp, 2017), 336–340쪽

49) 스캇 펙, *Further along the Road Less Traveled*, 김영범 역, 『끝나지 않은 여행』, (서울: 열음사, 2009), 55–56.

50) 자크 데리다, *Foi et Savoir suivi de Le Siecle et le Pardon*, 신정아 최용호 역, 『신앙과 지식』(서울: 아카넷, 2016), 223–233.

51) 강남순, 『용서에 대하여』(서울: 동녘, 2017), 204–208.

52) 미로슬라브 볼프, 『용서와 베풂』, 243–247

53) 데이비드 스툽, *Forgiving the Unforgivingvable*, 정성준 역, 『용서이야기』,(서울: 예수전도단, 1989) 47.

54) 데이비드 스툽, 앞의 책, 56.

55) 이청준, 『벌레 이야기』,(서울: 열림원, 2014) 참고

56) 존 하워드 요더, 『예수의 정치학』, 195쪽

57) 파울 알트하우스, *The Theology of Martin Luther*, 이형기 역, 『루터의 신

학』(서울: 크리스챤다이제스트, 1996), 43.

58) 리영희,『새는 좌우의 날개로 난다』(서울: 도서출판두레,1994), 7.

59) 니콜라스 월터스토프, *Until Justice and Peace Embrace*, 홍병룡 역,『정의와 평화가 입맞출 때까지』(서울:IVP, 2007), 21–56.

60) 강성호,『한국 기독교 흑역사』,(서울: 도서출판 짓다, 2016) 참고. 이 책에서 일제 강점기부터 최근까지 한국교회가 어떻게 정치, 사회 문제에 참여 해 왔는지를 체계적으로 밝히고 있다.

61) 박노자,『주식회사 대한민국』,(서울: 한계레, 2016), 61–66.

62) 박노자,『주식회사 대한민국』,(서울: 한계레, 2016), 9.

63) 자크 엘륄, *On Being Rich and Poor*, 홍종락, 이지혜 역,『부와 가난에 관하여』(파주:비아토르, 2017), 223. 자본주의에 관한 책은 매우 많은 책이 있으나 필자가 독자들에게 자본주의를 쉽게 이해하기 위하여 권하고 싶은 책은EBS에서 나온『자본주의』(서울: 가나출판사, 2013)와 출판사 돌베개에서 나온 우리나라 최고의 자본론 연구자인 김수행 교수가 쓴『자본론 공부』를 권한다.

64) 피터 톰킨스외, *The Secrcret Life of Plants*, 황금용 외,『식물의 사생활』,(서울: 정신세계사, 1992), 5–6.

65) 에리히 프롬, *To Have or To Be?*, 한완상 외 역,『소유냐 존재냐』(서울: 전망사, 1978), 49–74. 그리스도인으로서 소비문제는 매우 중요한 주제로 이 주제에 대해서 더 알기 원하는 독자들에게 존 F. 캐버너의『소비사회를 사는 그리스도인』(서울: IVP, 2011)과 이정전의『주적은 불평등이다』,(서울:개마고원,)를, 짐 월리스, *VALUES*, 박세혁 역,『가치란 무엇인가』를 권한다.

66) 정문태,『위험한 프레임』,(파주: 푸른숲, 2017),195–250

67) 미국의 문제는 우리에게 또 그리스도인들에게 매우 중요한 주제입니다. 이 주제에 대하여 더 자세히 알기를 원하는 독자는 한완상의『한반도는 아프다』(서울: 한울, 2013), 장순, *Reflections on the Roots of U.S. Involvenment in Korea*, 전승희 역,『미국의 한반도 개입에 대한 성찰』(서울: 후

마니타스, 2016)과 자크 파월의 『좋은 전쟁이라는 신화』(서울: 오월의 봄, 2017)을 권한다.

68) 장순, 『미국의 한반도 개입에 대한 성찰』(서울: 후마니타스, 2016), 318.

69) C.V.게오르규, *The 25th Hour*, 이선혜 역, 『25시』(서울:효리원, 2006), 221

70) 자끄 엘륄, *Le Systeme Technicien*, 이상민 역, 『기술체계』(대전: 대장간, 2013), 519–544. 신광은, 『자끄 엘륄 입문』(대전: 대장간, 2010), 16–37. 더 알기 원하는 독자는 양명수, 『호모 테크니쿠스』, (서울: 한국신학연구소,1995) 참고

71) 4장 각주, 아미쉬 참고

72) 자크 엘륄, *On Freedom, Love, and Power*, 전의우 역, 『자유, 사랑, 능력에 관하여』(파주: 비아토르, 2017), 77.

73) 김동춘, 『대한민국은 왜?』(파주:사계절, 2015), 126–127.

74) 반민족행위특별조사위원회(反民族行爲特別調査委員會), 약칭 반민특위(反民特委)는 일제 강점기 시대에 일본제국과 적극적으로 협조하여 악질적으로 반민족적 행위를 한 자를 조사하기 위하여 제헌국회에서 설치한 특별위원회이다. 제헌국회에서는 1948년 9월 7일 국권강탈에 적극 협력한 자, 일제치하의 독립운동가나 그 가족을 악의로 살상·박해한 자 등을 처벌하는 목적으로 반민족행위처벌법을 통과시켰다. 〈위키백과〉

75) 한완상, 『한반도는 아프다』, (서울: 한울, 2013) 5–14.

76) 마크 놀, *The Scandal of the Evangelical Mind*, 박세혁 역, 『복음주의 지성의 스캔들』(서울: ivp, 2010), 34.

77) 나인홀드 니버, *Moral Man and Immoral Society*, 이한우 역, 『도덕적 인간과 비도덕적 사회』(서울: 문예출판사, 2204), 12.

78) 존 하워드 요더, 『예수의 정치학』(서울:IVP,), 175.

79) 본 회퍼, 『제자의 길과 십자가』, (서울: 오리진, 1999), 79. 이 책은 저자가 없는 책이지만 본 회퍼의 여러 책 중에서 골라낸 것으로 보인다.

80) 로핑크, *Wie hat Jesus Gemeinde gewollt?*, 정한교 역, 『예수는 어떤 공동

체를 원했나』(서울: 분도출판사, 1985), 201-217.

81) 김회권, 『모세오경』, (서울: 복 있는 사람. 2017) 29-32. 필자가 문어체를
구어체로 바꾸었다.

82) 김회권, 『청년설교1』, (서울: 복있는 사람, 2005) 231.